CW01496959

Yamamoto Kansuke

Okugisho

Yamamoto Kansuke wurde 1493 in Fujinomiya, Japan, geboren und starb 1561. Er war der Chefstratege der 24 Generäle des Shogun Takeda, dem mächtigsten Shogun des 16. Jahrhunderts. Sein strategisches Geheimwissen wurde von Generation zu Generation weitervererbt, bis es 1804 erstmals in Form von reich bebilderten Schrift-Rollen veröffentlicht wurde.

Yamamoto Kansuke

Okugisho

Die Kunst der Hohen Strategie

Aus dem Japanischen
von Taro Yamada

Unter Mitarbeit
von Guido Keller

Piper
München Zürich

Titel der japanischen Originalausgabe »Heiho Hidensho«

ISBN-13: 978-3-492-04779-1
ISBN-10: 3-492-04779-3
Copyright für diese Ausgabe:
© Piper Verlag GmbH, München 2005
Gesetzt aus der Weiss
Umschlaggestaltung: Büro Jorge Schmidt, München
Umschlagkonzeption: R. Eschlbeck, München
Umschlagabbildung: Asian Art & Archaelogy, Inc./corbis
Gesamtherstellung: Kösel, Krugzell
Printed in Germany

www.piper.de

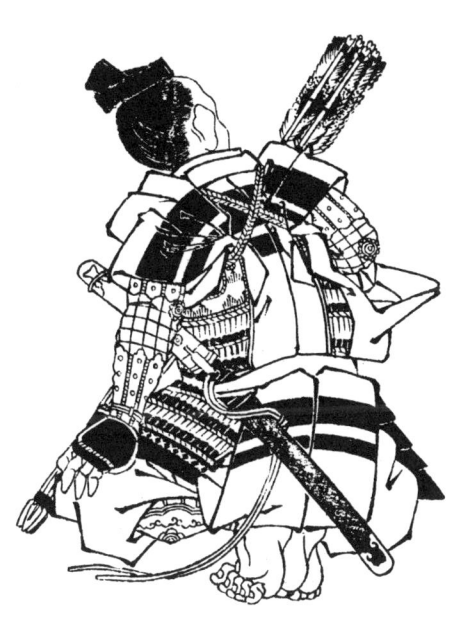

Inhalt

Vorwort

DAS GEHEIME BUCH DER STRATEGIE
(Heiho Hidensho)

Militärische Streitkräfte sind bestimmt von der speziellen Nutzung ihrer Einheiten und Truppen (*gunpo*) sowie der Vorbereitung einer Strategie (*heiho*). Die militärische Einheit (*gun*) wird im Buch *Shurei* (Kapitel *Kakan shiba*) definiert und besteht aus 12 500 Soldaten. Sechs *gun* bilden ein *oh*, drei *gun* ein *taikoku*, zwei *gun* ein *jikoku* und ein *gun* bildet ein *shokoku*. All diese Einheiten empfingen ihre Befehle vom Shogun[*].

Laut dem Buch *Sanryaku* bestand die Hauptaufgabe der Truppen im Beobachten der öffentlichen Stimmung und Ausführen von Regierungsdirektiven. Des Shoguns Aufgabe

---

[*] Eigentliche Bedeutung: »General«; Shogun war der Titel des jeweiligen Herrschers Japans in fast der gesamten Zeit von 1192 bis 1868.

lautete, das Land mit Weisheit zu regieren und sein Volk zu beschützen. In den alten Büchern wird überliefert, dass er mit viel Geld seine Truppen aufbaute und in fünf Gruppen unterteilte. Die erste Gruppe benutzte Pfeil und Bogen, die zweite einfache Hellebarden*, die dritte zweischnei-dige Hellebarden, die vierte zweizinkige Hellebarden und die fünfte dreizinkige Hellebarden. Soldaten mit ein- oder zweischneidigen Schwertern wurden *tampei* genannt.

Im Buch *Kokuryuden* heißt es, die fünf Hauptwaffen seien einfache Hellebarde, dreizinkige Hellebarde, Axt, Schwert und Schild sowie Pfeil und Bogen gewesen.

Das Buch *Shiko* beschreibt, dass in einer Schlacht Waffen und Strategie am wichtigsten waren, Bewaffnete stets als Soldaten galten und für große Entfernungen Schusswaffen benutzt werden mussten, für kleine Entfernungen Hieb-waffen.

Alle Soldaten sollten von diesen Techniken wissen. Ich selbst hatte schon immer ein starkes Bedürfnis, mich mit den überlieferten Strategien zu beschäftigen, also folgte ich den Meistern und studierte ihre Lehren.

---

* Eine Stangenwaffe, die wie eine Mischung aus Speer und einem sichelähn-lichen Werkzeug aussieht.

Nun habe ich mein Wissen in diesem Buch zusammengefasst. Es ist in drei illustrierte Teile gegliedert: *tenri* (Natur und Wetter); *chiri* (Umgebung) und *jinri* (Heeresgröße und -qualität). Diese sind wiederum in fünf Kapitel mit 126 Teilen gegliedert. Ich nenne mein Wissen *Heiho Hidensho:* Das geheime Buch der Strategie. Es enthält neben den Strategien der Meister auch meine eigenen. Mögen alle, die daran interessiert sind, diese hohe Kunst ohne Schwierigkeiten meistern!

Bedeutung
der Strategie
(ganryu no maki)

Der Ursprung der Strategie

Die Anwendung von Strategie begann in China zur Zeit
des Herrschers Ken Yen, in Japan im Zeitalter der Götter[*].
Seitdem wurden viele Waffen und neuartige Anwendungen
entwickelt. Da ich schon in jungen Jahren begann, die
Strategie zu studieren, habe ich viel über sie gelernt. Ob
lange oder kurze Waffen, ich kann sie alle benutzen. Doch
zu wissen, wann und wie sie in einer Schlacht einzusetzen
sind, ist nicht so einfach, denn jede Schlacht unterscheidet
sich von der anderen. In angemessener Distanz waren
Pfeil und Bogen sowie Schusswaffen angebracht, auf kurze
Distanz Lanzen und langstielige Waffen, im Nahkampf
Kurzschwerter.

[*] *kami yo*, vor mehr als 4500 Jahren.

近れ扱るゝわらゆへなり。矢を敵小ゆ弓を遣ふ
炮るゝるゝ。欲よゝ違長刀近歌しは太刀刀を
くゝ通を追を使ふ父よゝ通細とうゝと歳ゝ也。

才二　兵法の道之事

夫兵法の師と云（弓・鑓長刀太刀刀そのゝ遣ひ
宮の志をゝけて勝利を切んくへたうらうゝ
川向ゝたうゝゝちの利をつくれんそへるならんゝゝ一
兵そを思艦弥なくは兵法の師とゝそたらうゝを況
や凡唯一兵よゝゝんまれをうゝあるゝと兵法の師と
ゝよゝゝうろあゝんを義へゝん。

Die Meister der Strategie

Die Meister der Strategie benutzten Pfeil und Bogen (*yumi*), Lanzen (*yari*), Hellebarden (*naginata*), gebogene Langschwerter (*tachi*) und Schwerter (*katana*). Angegriffen wurde nur, wenn der Zeitpunkt dafür günstig war.

Hatte einer nie den Truppen die Anwendung all dieser Waffen beigebracht, konnte er auch nicht als Meister der Strategie gelten. Nur an einer einzigen Waffe auszubilden, genügte auch nicht.

Wer das Bogenschießen lehrte, wurde Bogenmeister genannt. Wer die Handhabung der Lanze lehrte, war ein Lanzenmeister, wer die Anwendung des Schwertes unterrichtete, ein Schwertmeister. Solche Lehrer waren also stets Meister der Waffen, deren Handhabung sie lehrten. Ein Strategiemeister hingegen konnte alles unterrichten.

ず、ハ兵法者諸のことゝハ御つたひ、太刀れミことハゝを
刀ハもとを各くのゝ名をしてぶべきよう也

第三　兵法伝受ハ兄之子
それ兵法伝受れハ兄ハ兄拳法をして定権
心討れてらちきと句也になるしーめ次ま経兵乃御
とつて今を次小ハ長んを色の御れを次小ハ花道
その術と、ひ兄小連続して八利地利矣利れ
玄を得ん早て萬事の理を動用と得らんや・

第四　兵法仕傳之事
それ兵法小仕傳をつくりてをーもらハ習べろれ

Die Unterweisung in Strategie

Um ein Stratege zu werden, erlernte man zuerst die unbe-
waffneten Kampfkünste *(kenpo)*, die fließenden Bewegungen von Händen und Füßen *(koshi)* und die Harmonie von
Körper und Geist *(shinshin)*. Dann folgte das Üben mit
kurzen Waffen *(tanpyo no jutsu)*, langen Waffen *(naga dogu)*
sowie Pfeil und Bogen und Schusswaffen *(togi dogu)*. Dazu
kamen Unterweisungen darin, wie man Menschen zu führen und zu kontrollieren hat *(jinri)*, wie man seine Umgebung *(chiri)* und wie die Zyklen der Natur und das Wetter
nutzt *(tenri)*. Die Strategie umfasste all diese Kenntnisse.

Die Struktur der Strategie

Die ersten Unterweisungen in Strategie waren so einfach
wie das Lernen des ABC. Mit den Grundlagen zu beginnen
hieß, ein Fundament zu schaffen, von dem aus man Fort-
schritte machen konnte. Doch dabei war bereits schöpferi-
sche Kraft gefragt. Weil sich die Vorstellungen der ver-
schiedenen Strategen unterschieden, war es stets nötig,
ihren Lehren eigene Ideen hinzuzufügen. Kämpfe ändern
sich mit der Zeit, und so musste ein guter Stratege die alten
Künste mit einer modernen Strategie verbinden lernen.

Die fünf Prinzipien der Strategie

Beim Erlernen der Strategie gelten fünf Grundprinzipien: das Lernen mit den Augen (*meshu*), das Lernen mit den Ohren (*ni-shu*), das Lernen mit dem Geist (*shinshu*), das Lernen mit den Händen (*shushu*) und das Lernen mit den Füßen (*sokushu*).

Schau mit den Augen die Farben an, höre mit den Ohren die Töne, entwickle mit dem Geist einen Plan und setze ihn mit Händen und Füßen um. Dies sind die fünf Grundprinzipien.

夫鉄砲の日本小渡るゐ事。文亀元年小種来

一天文年中小四方より云ろ事故方来共法

家よこのきるより志れとて殺害の苦利る上

い待をかよまるる故り所以小一盛志るそ一

法の理記者や。

鉄砲遠目南薬積之事

三尺玉之町近く小記

鉄砲の目四方ようのつきさいく

第二尺二分目南不り、第二尺二分目南不八木

第二尺二分目南不八木ひりの下く

み六分し内外　第二尺三分目錆不八木

七八分し内外　ひ二し似のけ放し

壱町之内外

Die drei wichtigsten Stufen der Strategie

Die erste Stufe beinhaltet, alle Aufruhr im Volk zu beenden. Die zweite Stufe beinhaltet, Disziplin durchzusetzen
und diejenigen zu erziehen, die Falsches tun und unehrlich
sind. Die dritte Stufe besteht darin, Widersinniges zu be-
seitigen und mit Logik zu herrschen.

Das Verbergen der Strategie

Es ist von größter Wichtigkeit, den nächsten Schritt der
eigenen Strategie geheim zu halten, weil sonst der Gegner
einen Nutzen aus diesem Wissen ziehen könnte.

一町壱次之門外

一町三次之門外

一町六次之門外

一町九次之門外

兵法秘傳書圖巻終

第三丸一分一粉目南照汉らん上
三る二尺五寸先目南三分二丸系目南汉放
第三丸三分二粉目南照汉らん
上三る尺五寸先目南哈尺系目延放
第三丸三分二粉目南而汉らん
第三丸三分二粉目南哈尺系目此放
上壱る三尺先目南哈尺系目此放
第三丸三分三丸一粉目南而汉らん
上壱る五寸先目南哈尺系門正放

Die konfuzianische Kleidung der Strategen

Strategen kleideten sich meist wie Konfuzius oder wie Mönche*. Dieses Verhalten hat Tradition, doch besteht kein Sinn darin. Als Konfuzius nämlich Strategie diskutierte, trug er die für ihn gewöhnliche Kleidung, und wenn Mönche Strategie lehrten, taten sie es in ihren angestammten Roben. So sollten auch heutige Strategen einfach das tragen, was ihrer Zeit und ihrem Stande gerade angemessen ist.

---

* Vom Autor Yamamoto Kansuke selbst wird gesagt, er sei häufig in Mönchsrobe in die Schlacht gezogen.

Die verschiedenen Schulen der Strategie

Heutzutage rühmen sich manche Schulen ihrer Stile, können sich jedoch auf keinerlei überlieferte Quellen berufen. Kürzlich veröffentlichte Bücher wie *Koyogunkan* und *Kenmongunsho* berichten von solchen Stilen. Einer, der lediglich die Schwertkunst *(kenjutsu)* beherrschte, nannte sich selbst »Meister der Strategie« und begründete dann seinen eigenen Stil *(ryu)*. Dann versammelte er Schüler um sich, nur um sich an ihnen zu bereichern. Das ist gewiss schändlich. Da der Wandel ein wichtiger Teil der Strategie ist, haben festgefahrene Methoden, einen Sieg zu erringen, keinen Nutzen. Wahre Strategen kennen viele Methoden, zu gewinnen.

Die Unterschiede zwischen den Strategen

Die Strategie kennt drei Arten von Menschen.

Menschen, die den Zweck der Lehren ihrer Meister verstehen, selbst aber nicht viele Ideen haben und nicht ausgiebig üben, werden *heiho zukai* genannt. Sie werden selbst zu Lehrern.

Menschen, die die Lehren ihrer Meister durch eigene Überlegungen zur Wirksamkeit des Kämpfens ergänzen und die hart üben, werden *heiho sha* genannt. Sie werden in zehn Kämpfen zehn Mal gewinnen.

Menschen, die nicht alle Techniken ihrer Meister üben, doch diejenigen beherrschen, die sie erlernt haben, heißen *heiho jin*. Sie zeichnen sich häufig in Kämpfen aus.

Neben diesen dreien gibt es noch die Art von Menschen, die gut kämpft, wenn sie begeistert ist, aber schlecht kämpft, wenn sie sich bedrückt fühlt. Solche Menschen behaupten, Strategie sei einfach eine Frage der Einstellung und müsse nicht studiert werden. Doch im Ernstfall suchen solche Menschen ängstlich das Weite und sterben schmachvoll. Sie entehren ihren Namen und bringen ihren Familien Verderben. Man nennt sie *ha heiho sha*.

敵のさけ（裂）けうんて（討って）軍（いくさ）船操（そう）をとり／＼十（じゅう）艘（そう）二十艘（そう）

の利（り）を占（しめ）るとも・損（そん）をば法（ほう）にとつ（取っ）て源（げん）備（び）自（じ）不（ふ）多（た）ぞ

とても（も）徳利（とくり）ぶらし（占）て敵（てき）なの（能）身方（みかた）とをる（取る）とふ（いふ）人（ひと）

とをむ（云ふ）三（み）のみ（身）も破（やぶ）れ底（てい）者（しゃ）となり・せふ（世）ふ（ふ）云（いふ）血（けつ）脈（みゃく）

の勇（ゆう）きなり・波（は）血（けつ）脈（みゃく）の勇（ゆう）きれいく（いく）云（いふ）法（ほう）へ唯（ただ）一（いち）

んをり／＼ひて蓋（けだし）を／＼と云（いふ）ふ（ふ）きりて・二

ん利（り）益（えき）ふて死（しぬ）をてうふて（も）生（しょう）ぜつ（絶）さまて（も）そ

を死（し）なとう（ふ）家（いえ）破（やぶ）るとちまうり多（おお）し・

第（だい）十一　弓法（ゆみほう）習（ならい）後（のち）勤行（ごんぎょう）之（の）事（こと）

それ弓法（ゆみほう）伝受（でんじゅ）して（ぬる）をも事（こと）もすぐにそろそろ

Die Wichtigkeit fortdauernder Übung der Strategie

Selbst wenn man die Strategie gemeistert hat, darf man
sie nicht vernachlässigen und nicht aufhören, sie zu üben;
sonst ist es so, als hätte man sie erst gar nicht erlernt.
Wenn man nur über sie nachdenkt, sie aber nicht prakti-
ziert, werden die eigenen Fähigkeiten im Ernstfall nutzlos
sein. Darum soll man seine Gedanken stets in die Tat
umsetzen und üben. Ich selbst habe, seit ich zwei Jahre alt
war die Strategie studiert, doch selbst nach dreißig Jahren
Übung kann ich noch nicht behaupten, sie gut genug zu
beherrschen, um sie zum Nutzen anderer anwenden zu
können.

Die moralischen Prinzipien erfolgreicher Strategen[*]

Alles, was ein Stratege tut, sollte aufgrund hoher moralischer Standards und in Höflichkeit geschehen. Wenn die Worte eines Strategen keine Gerechtigkeit und Menschlichkeit zeigen, soll er schweigen. Seine Schwächen soll er nicht zeigen und niemals streiten oder zanken. In jedem Augenblick sollen seine Haltung und seine Manieren Freundlichkeit ausstrahlen, ob er steht, sitzt oder schläft.

[*] *heiho sha.*

Die verschiedenen Arten von Kriegern

Der Ausdruck *heiho* stammt von *heiki*, den Waffen. Wer
eine Waffe trug, wurde *hei* genannt, ebenso auch eine ganze
Militäreinheit oder Truppe. Ein General hieß *yumi tori*,
Soldaten *gun pyo*, niedere Fußsoldaten *ashigaru*. Die *gun pyo*
konnten sowohl Waffen aus der Entfernung wie auch
solche des Nahkampfes bedienen.

Ein General, der die Befehlsgewalt über eine hundert
Mann starke Truppe hatte, war hundert Menschen weit vom
Feind entfernt. Darum konnte er weder mit einer Lanze
noch mit einer Hellebarde oder mit Schwertern kämpfen.
Er benutzte stattdessen Pfeil und Bogen und wurde darum
yumi tori, der Pfeil-und-Bogen Tragende, genannt.

Kam es jedoch zum Nahkampf, musste auch er mit
seinem Schwert kämpfen. Deshalb konnte man die ganze
Militäreinheit *hei* nennen.

Der Rang eines Soldaten wurde durch sein Verhalten in
der Schlacht bestimmt: Griff er unverzüglich den Feind an,
galt er als stark; zögerte er, hielt man ihn für schwach.

を武時は細のをり、あるときは陣長刀まて備頭を
変られはすべて兵とこて之を陣以下は残る小
てをとい聞と・後うを以弱とそがよとをよ
尸を以むて芸意の術むとそくりゝ西防
ゆゑん軍兵とん云。

　才古　兵法与軍法分る事

れ兵法与軍法をまゝ川ゆゑんは軍法は多て
とりとのくし軍ふらて陣とりを堅まりて城
旗旗金敵のもみとうて・人数乃無川・強敵弱
敵大敵小数よおて乃・新暑武略略とうゝを云。

Die Unterschiede zwischen *heiho* und *gunpo*

In der Strategielehre werden *heiho* und *gunpo* unterschieden. *Gunpo* ist die militärische Vorschrift, eine Burg zu beschützen. Während einer Schlacht soll das Lager durch eine Angriffs- und eine Verteidigungslinie gesichert sein, die mit allen anderen Truppen in Verbindung stehen müssen. Ob der Gegner nun stark oder schwach, klein oder groß ist – Einfallsreichtum ist ebenso gegen ihn einzusetzen wie militärische Stärke und Taktik.

Heiho bedeutet, Pfeil und Bogen aus der Ferne, Schwerter in Reichweite des Gegners und den Körper im Nahkampf einzusetzen, wenn es um Sieg oder Niederlage geht. *Heiho* ist die wichtigste Taktik des *gunpo*, und sie hängt davon ab, wie gut *gunpo* angewandt wird.

Die Ähnlichkeiten zwischen *heiho* und *iho*, der Medizin

Heiho und *iho* haben beide mit dem Erhalten und dem Zerstören von Leben zu tun. Man sagt, *heiho* nehme Leben, *iho* rette Leben. *Heiho* ist die Anwendung der Taktik, einen starken Gegner zu schwächen und ihn dann zu töten; *iho* ist die Anwendung von Medizin, um einen Menschen zu kräftigen.

Ich möchte behaupten, dass *heiho* und *iho* gleichermaßen Leben retten. Wenn sie nicht richtig angewandt werden, können sie freilich beide Leben zerstören. Wenn zum Beispiel jeder eine rechte Lebensweise pflegte, gäbe es keinen Streit; ohne Streit gäbe es keine Feinde; ohne Feinde wäre es unnötig, sich gegenseitig zu töten. Würde jemand in einer solchen Situation dennoch einen anderen töten, wäre er ein Verbrecher und hätte sich gegen die Gesellschaft und die Natur versündigt, und das würde ihn sicher zugrunde richten. Wenn andererseits jeder sich um seine Gesundheit kümmern würde, würde kaum jemand krank und einen Arzt aufsuchen. Wer seine Gesundheit jedoch vernachlässigt, wird krank und richtet sich zugrunde. In diesem Sinne können *heiho* und *iho* beide Leben erhalten wie auch zerstören.

Die Beziehung der Religion zur Strategie

Strategie wurde im Shintoismus, im Konfuzianismus und im Buddhismus angewandt. Im Shintoismus sagt man, Susano-o-no Mikoto habe das zweischneidige Schwert *Totsukanotsurugi* benutzt, um die Riesenschlange Yamata-no-Orochi zu töten. Konfuzius wiederum benutzte ein etwa halbmeterlanges Kurzschwert, um sich zu schützen. Im Buddhismus benutzt Fudo das geheimnisvolle Schwert (*myoken*), um über Dämonen zu triumphieren. Dieser Schutzgott Fudo ist stark und würdevoll, hat aber auch ein freundliches Herz. Um andere vor Unheil zu bewahren und auf den rechten Weg zu leiten, trug er einen Stock bei sich und brüllte zwielichtige Gestalten laut an. Das überraschte die Wesen. Es war seine ganz persönliche Lehrmethode.

仁者勇而竄賊縦横世数迷離特棒一喝人

天所覧云

ヲ十七　兵法之数之事

夫兵法ヨ数と云事あり一兵兵藝の利之小

人利之小は地利宇みハ天利之みハ助角利之

右之数の大剛を書小れて以兵法秘伝書や

名着や

Die fünf wesentlichen Bereiche der Strategielehre

In der Strategie gibt es fünf wesentliche Bereiche:
1) die Anwendung mächtiger Waffen *(heiki no ri)*
2) die Größe und Qualität des Heeres *(jin no ri)*
3) das Nutzbarmachen der Umgebung *(chi no ri)*
4) das Nutzbarmachen von Wetter und Naturzyklen *(ten no ri)*
5) das Nutzen von rechtem Zeitpunkt, Zufall und Glück *(joyo no ri)*

Wie diese fünf Bereiche genutzt werden, ist von großer Wichtigkeit. Ich werde es im Folgenden erläutern.

KAPITEL 2

Erklärung und Illustration der Techniken

(zu no maki)

SITUATIONEN
(gyosei)

Die beiden folgenden Techniken, *gyosei* und *kenpo,* sind nicht direkt für den Nahkampf gedacht. Sie sollen allgemein Hände und Füße schulen und den Körper stärken. Wenn es auf dem Schlachtfeld zum Nahkampf kommt, werden sie freilich ihre Wirkung zeigen. Anfänger sollten sie gleich zu Beginn erlernen.

Ein Zeichner macht die Techniken anschaulich, die ich nur grob umreißen kann, weil es so viele davon gibt. Sie werden zum Teil in *yin-yang*-Grundstellungen gezeigt, können jedoch zu fortgeschritteneren Techniken weiterentwickelt werden.

▲東の方よりたのぼてその西
の方と和とん付か西の方より
たのほよて東の方と和ころ
ろてにたくさませてたの
を東の方のひよふうつれ
のとを東の方の方へつきこえ右乃
はその東の方の内腰とえて抱よ
利あり

▲又東の方よりたのほよて西の方
と和とん付か西の方よりたのほ
よて和こころへよりて和へせよ
てその方の順へ西の方のたの足
とりきこえ又のほを東の方乃
厳腰の下より腰へくつちり東の
方のあと足をとりあけて抱小利
あり又東の方強かりとあけ
らとさう時ハ西の方よりたのほよ
の方かり次うく抱小利かり

西　　　　　　　　　　　東

Yosho

Wenn der Gegner (rechts) versucht, dich mit der rechten Hand zu schlagen, benutze deine linke Hand zum Abwehren und stoße dann gegen die Brust des Feindes. Stell dein linkes Bein hinter ihn und ergreife seinen Oberschenkel mit deiner Rechten. Heb ihn hoch und wirf ihn zu Boden.

Variante: Wenn der Gegner (rechts) versucht, dich mit der rechten Hand zu schlagen, wehre sie mit deiner Linken ab. Stell dein linkes Bein hinter ihn, bringe beide Hände hinter seine Beine, ergreife diese unterhalb seiner Knie, zieh ihn hoch und wirf ihn so nieder. Ist der Gegner zu stark oder verlagert sein Gewicht nach unten, so dass du ihn nicht hochheben kannst, lehne dich nach vorn und bring ihn so zu Fall.

西

東

Insei

Wenn der Gegner (rechts) versucht, dich mit seiner Rechten zu schlagen, benutze deinen linken Arm zur Abwehr und ergreife dann mit deiner linken Hand seine Brust. Tritt mit deinem rechten Fuß vor und bringe deine rechte Hand zwischen seine Beine. Dann heb ihn hoch und wirf ihn nieder.

Variante: Wenn der Gegner (rechts) versucht, dich mit seiner Rechten zu schlagen, benutze deinen linken Arm zur Abwehr; dann ducke dich und schlinge deine Arme unterhalb seiner Knie um seine Beine. Mit festem Griff hebe ihn über deine Schulter und wirf ihn nieder.

東の方うらかはところへ引あげると西
方うらぶちうふ大てのまゝを東の
方のくびよけ西の方のためまゝを東
の方の股腰ふけ等のごとくふれあり
まりあり

取結

寝

西の方番のごとく外さまゝと
もろ付は西の方の虎のごとくと東の
方のごとちけ等ろふれあり

西のうらほそて東の方の首つき
をとりたのほは短劔を持そつんとは
ふなの方番のごとく小西の方のた
まやうり招東の方うりつんともろまゝ
の方の方を西の方の招ハつゑほもちろ

変

西の方東の方ふとりまゝ
まと腰にてひきゝまゝれつんた
はゝ東の方入とうしかまゝうけ
ろふれあり

西

東

Yukiai

Wenn der Gegner von rechts kommt, ergreife mit deiner rechten Hand seinen Hals und lege deine Linke auf seinen unteren Rücken. Dann bringe ihn zu Fall.

Torimusubi

Wenn der Gegner von links kommt, mit seiner Linken deinen Kragen und mit der Rechten sein Messer (*tanto*)[*] packt, dann ergreife mit deiner Linken den Handrücken seiner Linken, wie auf der Zeichnung zu sehen; drehe seine Hand nach innen ein und zwinge ihn so zu Boden.

[*] In Zivilkleidung trugen Samurai üblicherweise ein Langschwert (*katana*) und ein Kurzschwert (*wakizashi* oder *shoto*), in Rüstung als Hiebwaffe ein stärker gebogenes Schwert mit etwas größerer Reichweite (*tachi*) und ein Kampfmesser (*tanto* oder *aikuchi*).

邪結

東の方帯のしゃくみと西の方より
たのままそて帯つきをとりたのままに
て釼を肯よきしありつけよ東乃
方のままて西の方の釼とのけみ糸
の方の足を東の方の肯ふうちけ
起つふ刊あり

抜刀

凡太刀を抜は箏の法用もありま
々そろ付いうーそらとそゝ抜ん葦
掘ゆうにもろ時抜とち々とそゝ々
心わし故志ゆろゆつめもとそりこん
葦とれのまそ々とち々ーーちゝあし
ち々力がまそまそて右掛なーーあし
ちや々とれのままそ々力ゝち○う々あし
さやとれのまそ々力ゝち々○張ゝあし
腰を八戻りうさまゝ八う○向掛あし
たのありとゝ引ハり　　○ありそあし

西

東

Fushimusubi

Wenn du so unter dem Gegner liegst wie unten dargestellt und wenn dieser mit der Linken deine Brust ergreift und mit der Rechten sein Messer zückt, dann ergreife seine rechte Hand, tritt ihm mit einem Fuß in die Brust und stehe schnell auf.

Batto

Wie man seinen Hüftgürtel (*obi*) bindet, ist sehr wichtig für die Anwendung des Schwertes. Ist der Gürtel zu locker, kann das Schwert leicht gezogen werden, trägt sich jedoch unangenehm. Ist der Gürtel zu fest angezogen, fühlt sich das besser an, allerdings kann das Schwert dann nur schwer gezogen werden. Darum darf der Hüftgürtel weder zu locker noch zu fest sitzen.

向結

東の方刀を抜く時ハ西の方
より東の方の抜身をとらふ東
の方うろたへ刀の柄にて西の方
のまをひ〳〵き抜んとするより
あらひへかゝ〳〵むり〳〵
左脇より西の方のまをひゝき
抜り利あり

裏
西の方まをひ〳〵きこ〳〵方
されゝ時又まふらりつき候西
の方のたのまを東の方の須へ
うけ西の方のたの足を東の方
のたる脇へ参つめ外る利
あり

西　　　　　　　　　東

Mukozume

Wenn der Gegner (von links) deine rechte Hand ergreift,
sobald du dein Schwert ergreifst, ziehe den Schwertgriff
über seine Hüfte hinaus und drücke dann nach unten.
Bewirkt das nichts, dann drehe dich nach links, knie dich
auf seinen Arm und zwinge ihn so, loszulassen. Hierauf
kannst du schließlich sein oder dein Schwert ziehen.

Sobald dein Gegner losgelassen hat, kannst du auch
seine linke Hand und rechte Schulter gleichzeitig ergreifen,
ihn nach rechts hinten drehen und so zu Boden zwingen.

刀詰

東の方刀を抜とられ候時西の方
東の方の刀を取のちて持
たるそを刀のこぢりをとり西
方の方刀のたるひなと東の方の
脇勝へふところ常のことくに
へ引くる心得あり

愛 東の方脇へかけちまつ東
へ勢を張らんれより右脇西
の方東の方の差へ外より東の
方とへ引くる心得あり

坂詰
んより右まり新ちくると刀脇指
とらうの有罫のこと乱指まり新ち
そうろの差たるしを乱指へ引くる
方とらうめて頭るけふ撤り利あり

愛後の差新る方たるひかけらて
付けうろ差のむそつさとれ入るけ
し左を頭るけまふくる利あり

西　　　　　　　　　　　　　　東

Katanazume

Wenn der Gegner (rechts) sein Schwert ziehen will, ergreife dessen Griff mit deiner Rechten und den unteren Teil der Scheide mit deiner Linken. Setze deinen linken Fuß hinter seine Beine, hebe Griff und Scheide seines Schwertes an und wirf ihn so nach hinten um.

Sollte dein Gegner das Gewicht verlagern, knie vor ihm nieder und bringe ihn so zu Fall.

Ushirozume

Wenn ein Angreifer, wie hier zu sehen, von hinten dein Schwert ergreifen will, ergreife seine beiden Hände, ziehe ihn über deinen Kopf und bringe ihn mit einem Hüftwurf zu Fall.

Abwehr: Bevor du selbst auf solche Art geworfen wirst, ergreife des Gegners Kragen, ducke dich und wirf den Gegner so über deine Schulter.

まさのりちゆる太刀刀に盃獣の形乃ぞう〳〵兜

狼牙〳〵海〳〵は馬牛ふるんぞ畏ならん

侍とひ刀剱を帯とひゆへよ農工商樂の人ふ

より威をかり武を卒ふうまつりことに〳〵侍

和漢の良將彼刀劍の術をあらひハまことをらひハ

うらふまりあるひハまことを學ひて云ひ〳〵あるひハ

まとらて〳〵ゑてゐるその大法を圖きんみ綸脈

をまうめて志んをうじ小千裏万裏ハ業なふあら

それ用ふ風へを始とら〳〵から月うけ目うるまきの弟を盃

うじまる理ふ達きん業何裏司がふあらんか

Die Schwerter und Waffen der Samurai waren wie Stoß-
zähne und Hörner wilder Tiere. Hätte ein Wolf keine
Reißzähne, wäre er wie ein zahmes Tier. Ein bewaffneter
Samurai stand höher als Bauern, Kaufleute und Hand-
werker. Seine Aufgabe war, in Würde zu leben und sein
Land zu beschützen. Große Führer und Schwertmeister
wurden manchmal mit einem natürlichen Talent für die
Strategie geboren; andere lernten von ihren Meistern oder
durch Beobachten. Im Folgenden werde ich wieder mittels
Zeichnungen verschiedene Bewegungen, Hiebe und
Abwehren erklären. Man kann nicht alle Varianten davon
erlernen, aber doch die Theorien dahinter verstehen.

▲めはるまくへる時敵上段よりもつてはたつと来るる時に敵より入説かるくヘ

▲敵らりそえよ残こみてこを撃よ兵を忘刀のあるとうくえてたの劔足をりて敵の撃おくとをく

▲敵らり己つ下とみぐんとみる時右あの刋りて撃よ

▲敵平中前劔ふくまへて入らまる時は己左下給前劔のまうよ力をそら

▲自敵たらひき上げよりまくへ仕合まへもの主敵の太の方へ先遠てるか利あり

▲敵太下前劔たて前劔よりまくら附はるつりを斗一つり甲己の利をらくきまくへ一敵は陰勢あり己は陽勢され八陰くみて陽陽くみて陰の尺するへくへ

Heijogo kennosei

Wenn du und dein Gegner in derselben Stellung *jodangamae* seid (wie in der Zeichnung), tritt nach vorn und schlage ihn sofort nieder, wenn er zögert.

Schlägt dein Gegner nach dir, folge aufmerksam seiner Bewegung, setze deinen linken Fuß zurück und schlage auf seine Hände.

Zielt dein Gegner auf deine untere Körperhälfte, tritt nach rechts vor, bringe dein Schwert zur Abwehr nach unten und schlage sofort nach.

Wenn dein Gegner in *chudangamae* (halbhohe Schwerthaltung) geht, solltest du zu *gedan* wechseln.

Wenn ihr beide in *jodangamae* seid (wie in der Zeichnung), tritt nach links vorn und schlage auf seine linke Seite.

Wenn dein Gegner sich in *gedangamae* befindet, nutze die *irimi*-Technik [die Bewegung auf den Gegner zu] und tritt rechts vor, oder bringe etwas Abstand zwischen euch. Der Grund liegt im *yin* und *yang*: Wer von einer höheren Stellung aus angreift, ist im Vorteil. Darum solltest du mit deinem Gegner ständig schnell die Positionen tauschen, so wie *yin* und *yang* wechseln.

右上段釼勢

右上段釼勢かまへ

●めほ〔ら〕きへよう時敵上段かまへてふ意
あるときこの利○敵のうちえおきえ
て己を軽くとする時の利○敵よりこ
トを抱とる〔うかの〕ハ時の利○敵平中前
釼かまへて入をかまゆるときの利

右にナ条の利ハ平上段釼の利甬し

●敵利をえうりうころうち時己ろ方
より釼のかまへをとて敵の眼心をう
こうきへめ釼利とう軽べし〔身利いたあ〕

●敵れ下〔業〕釼かまへ、まる時ハとれ
切先きらよかまへ〔身心用〕
あほあろよう
川よ利あり

Ujogo kennosei (Hasso)

Wenn dein Gegner in *jodangamae* steht, schlage ihn sofort, sobald er zögert. Tritt er nach vorn, tritt du zurück und treffe ihn. Zielt er nach deinem Unterleib, drehe dich ein und schlage ihn. Geht er in *chudan* und tritt nach vorn, wechsle deine Stellung.

Wenn sich dein Gegner nicht bewegt, wechsle deinen Stand und irritiere so seine Augen und seine Aufmerksamkeit. Dann verleite ihn zu einer Bewegung und greife an.

Wenn dein Gegner sein Schwert senkt, ziele mit deinem nach unten zwischen seine Hände.

平上結前釼勢

▲あほ夕りへる時歌上さんまりまとふを
肘の利○歌より光よ腹ろ人色やち
えとふる時の利○歌より己うやと抱
と与る肘の利○歌平中前釼よりと
て入もよ毛肘の利

太字る条の利八平上ほ釼の利よ同—
▲歌利とえろうこ二うる肘の利○た
卜結前釼小うしへうう時の利
太二ヶ条なを上ほ釼の利小回—

▲歌平中茶釼うよしへ入小ネる時
八をとと太下結茶釼より子をとする八法
より又歌の釼を拝直小入も利より

Heijoketsuzen kennosei (Takanami)

Wenn dein Gegner in *jodangamae* steht, schlage sofort nach ihm, wenn seine Aufmerksamkeit nachlässt. Tritt er nach vorn, tritt du zurück und schlage ihn. Zielt er auf deinen Unterleib, drehe dich ein und schlage ihn. Nimmt er *chudan* ein und greift an, wechsle deine Stellung.

Wenn dein Gegner sich nicht bewegt, wechsle deine Stellung und lenke ihn ab. Nimmt er *gedan* ein, halte dein Schwert in *jodan* hoch. Dann schlage zu, wie auf voriger Seite beschrieben.

Wenn dein Gegner in *chudan* ist, wechsle deinen Stand, halte deine Schneide nach unten in *gedan*, senke dein Schwert und schlage das des Gegners zur Seite, wodurch sich ein Weg eröffnet, ihn niederzustrecken.

尾上結前劔勢

▲めぶうまへうる時歓上さんよりまへふ玄
切る吋の利○歓うり先よ嵐ええをれ
とうえんとする吋の利○歓うりとのれ
うトやとんとする吋の利○歓平中
前劔まうまうて入分ふまる吋の利

▲歓利をもうりうところる吋の利○歓名
左回ケ条の利ハ左上坂劔の利よ同一

▲歓利をもうりうをたる二刀の勝頂と
ト前劔まうまへまる吋の利
左二ケ条ハ左上坂劔の利よ同一

▲歓利をもうりうをたる二刀の勝頂と
におえさわむ、えて軽とうる時ハ包入
まうてとむる小利ありえ歓のたの
坂の百へ出ちへ川よ利あり

Sajoketsuzen kennosei (Jodan no Kasumi)

Wenn der Gegner in *jodan* steht, treffe ihn sofort, wenn er nachlässig wird. Tritt er nach vorn, tritt zurück und schlage ihn. Zielt er auf deinen Unterleib, drehe dich ein und schlage ihn. Greift er mit *irimi* an, wechsle deinen Stand.

Wenn ihr euch beide nicht bewegt, wechsle deine Stellung und irritiere so seine Augen und seine Aufmerksamkeit. Dann verleite ihn zu irgendeinem Angriff. Senkt dein Gegner sein Schwert, hebe deines an und schneide seine Hände.

Wenn dein Gegner auf deine Körpermitte zielt, wehre ihn zunächst ab oder weiche nach rechts aus, dann tritt nach vorn und schlage ihn. Benutze die *yin-yang*-Methode: *yin* heißt, nach der Abwehr nach links vorn zu treten; *yang* heißt, die Schwertspitze nach rechts zu bringen, während man auf die linke Seite des Gegners zutritt, und ihn dann zu schlagen.

右上前劔勢

▲ねらうと入るゝ時敵上攻よるゝ[..]
肩を軽るとるゝ時己その太刀もうーと
入ゝく敵の太方へひゝゝ敵の軽るやうを
まちとる也なり

▲敵上攻よるゝ己ゝ攫へるゝと軽るゝと
もう時敵の太力ちうへよゝゝ着るゝ
己その太力をきりとゝゝくあ小入め小軽るゝ
敵ゝ己ゝ下と拋とするゝ时にゝよ上めの物

とゝくゝゝて太の乏を引敵の軽をちとるゝ物
敵下攻よるゝ己ゝゝを掛よとるゝ时その
太刀のあるゝとゝゝくめて走まへめ小ゝぢ

平上前劔勢

▲ねらう人へるゝ时敵上攻よるゝへ小をゝるゝ時の
利。敵よゝゝへるゝ己と軽とするゝ时の利。
よりそゝは下と拋とゝるゝ时の利

▲右三ケ条ハ右中結前劔の利よ同ー
敵平中前劔小よるゝへ来るゝ时ハ方小受
方小入よ利ありゝ又右下結前劔小
かとゝるゝより

Sajo zenkennosei (Kissaki gaeshi)

Wenn dein Gegner in *jodan* steht und auf deine Schulter zielt, beobachte ihn genau, bewege dich auf seine rechte Seite zu und treffe auf seinen Vorderarm.

Wenn der Gegner aus *jodan* attackiert, beobachte seine Bewegungen, tritt nach vorn und schlage ihn.

Wenn dein Gegner tief angreift, beobachte ihn genau, tritt nach rechts zurück und ziele auf seinen Vorderarm.

Wenn dein Gegner *gedan* einnimmt und versucht, deinen Vorderarm von unten zu treffen, achte auf sein Schwert, tritt nach vorn und schlage ihn.

Heijozen kennosei (Toryu)

Wenn dein Gegner sich in *jodan* befindet, treffe ihn sofort, wenn er unaufmerksam ist. Zielt der Gegner nach unten in Richtung auf deinen Kopf oder auf deine Schultern, tritt zurück und schlage auf seine Hand. Zielt er auf deine Beine, tritt mit deinem rechten Bein nach vorn und schlage ihn.

Uchu ketsuzen kennosei (Chudan no kasumi)

Nimmt der Gegner *jodan* ein und zögert, dann schlage sofort zu.

Haut der Gegner auf deinen Kopf oder deine Schultern, tritt nach links zurück und schlage auf seine Hand.

Zielt der Gegner nach weiter unten, tritt zurück und schlage ihn.

Sachu zenkennosei (Seigan)

Steht der Gegner in *jodan* und passt nicht auf, schlage sofort zu.

Schwingt der Gegner sein Schwert von oberhalb seines Kopfes herunter, tritt nach rechts vorn, erhebe dein Schwert, schwinge es um deinen Kopf herum und schlage deinen Gegner.

Hat dein Gegner den gleichen Stand wie du, tritt nach vorn, schlage sein Schwert zur Seite, dann stich oder schneide ihn.

Heichuzenjo kennosei (Suigetsu)

Nimmt der Gegner *jodan* ein und ist unaufmerksam, schlage sofort zu. Schwingt der Gegner sein Schwert auf deinen Kopf oder deine Schultern herab, tritt zurück und schneide seine Hände. Zielt er auf deine Beine, tritt mit deinem rechten Fuß nach vorn und schlage ihn.

Begibt sich dein Gegner in *chudangamae,* gehe selbst in *gedangamae.*

Nimmt dein Gegner *chudan* ein und zielt auf den unteren Teil deines Körpers, schwinge deine Schwertspitze in einem Halbkreis herab und wehre so seinen Angriff ab. Dann schlage zu.

Heichuheizen kennosei (Chudan)

Die ersten drei Techniken sind wie oben beschrieben.

Wenn du eine Lücke findest, stoße zu.

Geht dein Gegner in *gedangamae,* senke dein Schwert, schlage auf das deines Gegners und stich ihn.

Schlägt dein Gegner von oberhalb seines Kopfes zu, bewege dich zu seiner Rechten und wende *maki uchi* oder *kirikaeshi* an.

Ukago kennosei (Sha, Wakigamae)

Ist dein Gegner unaufmerksam, tritt nach vorn und schlage ihn.

Hat dein Gegner als erster zugeschlagen, tritt nach links zurück und haue auf seine Hände.

Geht der Gegner in *chudan*, tritt zurück und bringe das Schwert auf die linke Seite.

Sakaketsuzen kennosei

Wenn dein Gegner aus dieser Position angreift, schlage sein Schwert entweder zur Seite und stoße dann zu, oder halte dein Schwert weiter oben, wehre ihn ab und schlage dann zu, oder tritt rechts nach vorn und schneide ihn dann.

Wenn der Gegner deinen Unterleib angreift, tritt zurück und schneide seine Hand.

Wenn dein Gegner in *chudangamae* geht, schlage sein Schwert zur Seite und greife ihn dann an.

Ukaketsuzen kennosei

Wenn der Gegner *jodan* einnimmt, schlage ihn sofort, sobald er unaufmerksam wird.

Greift der Gegner an, tritt zurück und schlage ihn schnell von dort, oder indem du seinem Hieb ausweichst und dann wieder nach vorn trittst. Sich nach vorn oder zurück zu bewegen ist aus diesem Stand am leichtesten.

Uka zenkennosei (Tei)

Ist der Gegner unaufmerksam, steche ihn unverzüglich mittels einer plötzlichen Bewegung.

Dem Gegner ganz nahe zu kommen und ihn so zu behindern ist sehr wirksam.

Schlägt der Gegner von der Linken zu, tritt zurück und schneide ihn.

Sakaketsugo kennosei

Greift der Gegner aus *jodan* an, tritt mit dem rechten Fuß zurück und schneide seine Hände.

Ist der Gegner in *chudan*, wehre ab und greife ihn an.

Zielt der Gegner auf deinen Unterleib, wehre ab und greife an.

Shojotaika bunkennosei

Schlägt der Gegner zu, tritt nach links zurück, dann schneide ihn mit dem Schwert in deiner Rechten. Zielt der Gegner auf deinen Unterleib, tue das gleiche.

Bewegt sich dein Gegner nicht, lenke ihn mit dem Schwert in deiner Linken ab und schlage mit dem Schwert in deiner Rechten zu, sobald er eine Bewegung macht.

Shojoketsuzen kennosei

Wenn der Gegner angreift, tritt zurück, wehre dabei mit dem Schwert in deiner Linken ab; schlage mit dem Schwert in deiner Rechten zu, wenn der Gegner tief angreift.

Versucht der Gegner, dein Kurzschwert (*shoto*) wegzuschlagen, kontrolliere seine Waffe mit deinem Langschwert (*tachi*) und schneide ihn mit deinem Kurzschwert.

Daishoketsuzen kennosei

Greift der Gegner an, wehre ihn mit deinem Kurzschwert ab und schlage oder stoße dann mit deinem Langschwert zu.

Greift der Gegner deinen Unterleib an, wehre mit deinem Langschwert so ab, dass du es danach wirkungsvoll einsetzen kannst.

Verändert der Gegner seine Stellung nach seinem Belieben, achte auf eine Lücke, wenn er sich bewegt, und greife an. Bewegt sich der Gegner aber gar nicht, wirf dein Kurzschwert wie ein Messer, irritiere ihn so und schlage dann mit deinem Langschwert zu.

Dodan no sei

Wenn der Gegner aus dieser Stellung sein Schwert senkt, um auf deine Beine zu zielen, schlage sofort auf seine Vorderarme. Auch wenn er sich zurückziehen will, schlage unmittelbar zu.

Versucht der Gegner deine rechte Seite zu treffen, tritt vor und schlage zu *(kirikaeshi)*.

Kaishin jukennosei

Drücke aus dieser Stellung sein Schwert beiseite und stoße unmittelbar zu.

Versucht er, deinen Unterleib zu treffen, tritt nach links zurück und schlage auf seine Vorderarme.

Wenn er zurückweicht, tritt vor und schlage sofort zu.

Nushin jukennosei

Dränge aus dieser Stellung vor und ergreife mit deiner
Linken die rechte Hand des Gegners. So kannst du ihn
werfen, kontrollieren oder töten.

Wenn er versucht, deinen Unterleib zu treffen, tritt nach
links zurück und treffe auf seine Vorderarme.

Weicht er zurück, folge ihm und schlage sofort zu.

Nushin no kirime

Wenn dein Gegner von oben nach unten dich schlägt,
bewege dich nach rechts und weiche ihm aus, dann schlage
selbst zu. Diese Bewegung kann Abwehrtechniken enthalten.

Inshin no kirime

Greift der Gegner an, tritt zurück und treffe auf seine
Vorderarme oder seinen Nacken. Diese Bewegung kann
Abwehrtechniken enthalten.

Kaishin no kirime

Greift der Gegner an, tritt zur Seite und ziele auf ihn, für gewöhnlich aus *basso, chudan* oder *judan*. Diese Bewegung kann Abwehrtechniken enthalten.

Jushin no kirime

Kurz bevor der Gegner angreift, dränge nach vorn und greife ihn an, für gewöhnlich aus *gedan*. Diese Bewegung kann Abwehrtechniken enthalten.

凡据は夢中の魁先とり、其流は
据をがかるを肇とす。あるひはゆへよなう

の術をいへとも、るよう、まり此法我かと、
身術是の用法をきそく、拊民備衆の

妙用ふれる人才頭此理ふよ川て彼勢園をあ
らく初習者ふれをもめ、他す、一程新理

小通有也

棍式 長八尺或八尺五寸

BO

Wenn man zuerst den Kampf mit dem *bo* (Stock)* lernt, wird einem das beim späteren Gebrauch anderer Langwaffen nutzen. Wer also an Langwaffen üben will, soll sich zunächst am *bo* ausbilden. Der Umgang mit dem *bo* verbessert auch die Körperbewegungen.

Die folgenden Techniken sind für Anfänger gedacht. Sobald die Fähigkeiten sich verbessern, kann man andere Techniken erlernen oder die gezeigten variieren.

---

* Der *bo* (oder *kon*) ist knapp zweieinhalb Meter lang.

高四平提勢 上中下の
三段あるゝ

▲め武ろ者の へる時敵ふ亮める時ハ突
よ利あり 打小利あり

▲敵ふり先よ我 を弄ゝめ我左を
引たをり 弄小利あり

▲敵ふり先よ我下を抛とハ時我た
とり左をり 敵の提とゝめ弄小利
あり 突小利あり

▲敵上提よそゝ中提よそゝ突を
もろ時我うゝくゝき突よ利あり
左の利提ようゝゝゝいろをの方ゝ
小歪ても一の利や

Koshiheikonsei (Jodan, Chudan, Gedan)

Ist der Gegner nachlässig, schlage oder stoße ihn unverzüglich aus dieser Position.

Greift der Gegner zuerst an, tritt mit deinem linken Fuß zurück, wehre mit deiner Rechten ab und schlage oder stoße ihn.

Greift der Gegner deinen Unterleib an, tritt nach links zurück und wehre ab, dann schlage oder stoße ihn.

Greift der Gegner aus *chudan gamae* oder *jodan gamae* an, erhebe deine rechte Hand und mit ihr den *bo* über deinen Kopf, dann schlage oder stoße zu.

Diese vier Techniken werden für *yari, naginata* und andere Langwaffen benutzt.

刀出鞘棍勢

▲め氏うすへる間敵ふ玄る时八拋ふ
利あり先お利あり
▲敵らり先ふ軽とへる时挑敵乃
棍をもり あげく直よ突よ利あり
▲敵らり先みトをゐんとへる时よし
忍もく敵の拋しよと行お利あ
まえみづきのけ突よ利あり
▲敵らえよ突らへる阱八挑多とら
より敵の棍をとさあけ突よ利み

Toshitsu sei konosei

Schlage oder stoße aus dieser Position den Gegner sofort, wenn er unaufmerksam ist.

Wenn der Gegner angreift, tritt nach vorn oder zurück und schwinge dabei das lange Ende des *bo*, um die gegnerische Waffe abzuwehren, dann stoße zu.

Greift der Gegner den Unterleib an, springe zurück und schlage auf seine Hände, oder springe zurück, wehre ab und schlage oder stoße ihn.

Versucht der Gegner, nach dir zu stoßen, setze deinen rechten Fuß zurück, während du den *bo* über deinem Kopf schwingst und damit den Angriff abwehrst, dann schlage oder stoße ihn.

草提手提勢

▲めぐるうへ（へ）る時敵ふをせうする時ハ突す
刺あり　およ刺あり

▲敵うり先よ下と拋をへる時我敵の
捏をひ（ー）き突ふ刺あり

▲敵うり先ふおうき八我れを引ちをて
しおふ刺あり

▲敵うり先ふおうとする時ハ敵の捏ハ
んく引き突す刺あり

Tanteishu konsei

Ist der Gegner unaufmerksam, schlage oder stoße ihn.

Greift der Gegner deinen Unterleib an, wehre seinen *bo* zur Seite ab, dann schlage oder stoße ihn unverzüglich.

Greift der Gegner an, tritt mit deinem linken Fuß zurück, verändere den Griff deiner Hände, während du den *bo* über den Kopf bringst, und schlage dann zu.

Greift der Gegner an, hebe deinen *bo* über den Kopf, um seinen Angriff abzuwehren, dann ziehe deine rechte Hand am *bo* weiter herunter und stoße deinen Gegner.

倒拖荊棘棍勢

▲武う手へちとき欲ふ会るうぬを
拠よ利あり打小利あり
▲欲らりえよ下と拠と冷る時錺冷
と引打ふ利あり
▲欲らりえよ打とゐる時ハ我右足
引拠ふ利あり

Toshikoso konnosei

Schwinge deinen *bo* und greife deinen Gegner sofort aus dieser Position an, wenn er unaufmerksam ist.

Zielt der Gegner auf deinen Unterleib oder andere Körperteile, tritt mit deinem linken Fuß zurück, schwinge deinen *bo* und schlage deinen Feind.

担山棍勢

▲めいうま〳〵へもる时 欹・中色もる时・ち
小刹あり 拘よ刹あり

▲欹うり先よおとくる时 我たをり
たのよるく肩うり 捉と下す
よ刹あり

▲欹うり先よ下を拘とくる时太同
玄の刹なり

▲欹中吹ふ付てもる时ハ我欹のう
て拘ふ刹あり

Tanzankosei

Ist der Gegner nachlässig, schwinge deinen *bo* und
schlage zu.

Greift der Gegner deinen Unterleib oder andere Teile
an, setze deinen linken Fuß zurück, schwinge deinen *bo*
und schlage zu.

Greift der Gegner aus einem *chudan* in mittlerer Höhe
an, schwinge deinen *bo* und ziele auf seinen Unterleib.

一提金棍勢

▲め武く人へ□る時敵ぶ己るゝ□時ハゝ□利
あり抛□利あり

▲敵より先ま下と抛と□る□時ハ我右
とり敵のまを打ふ利あり

[裏] 我打ゝ敵□時ハあ□□ん
そ時ハ我直ふ入突□利あり

▲敵より我棍を掛と□る時ハ我棍
とり敵の棍とむりゝくあ□し
我入ふ利あり

Itteikinkonsei

Ist der Gegner nachlässig, schlage oder stoße aus dieser Position unmittelbar zu.

Greift er den Unterleib an, setze den rechten Fuß zurück und schlage oder stoße ihn.

Variante: Wenn du zuschlägst und der Gegner zurückweicht, dränge sogleich vor und stoße zu.

Versucht der Gegner, deinen *bo* zu treffen, ziehe ihn zurück und schlage oder stoße danach sofort zu.

盖鎗ハ武芸勢中の王ふして衆莫敢当る所

ことかくして法をもちゆるにあるひハ衆莫のそ

ろを設るあるひ己力ふより敵の長短軽重を

もろり曾掬提捉碎のえんまんと引一間が上

中下の勝利をいへさて刧突もる時ふくて

今中たるひく欲ふあ○○ひすおのひく勝利とう

一ふされハ○奇○實をもち前れたんのさ

里を走り彼己主客の長短を五さまへ刹那ん籍

思巧の者小あすへて従う道ふきとせるとせん

LANGE WAFFEN – LANZEN – LANGSCHWERTER

Obwohl es viele verschiedene Waffen gibt, ist die Lanze eine der wirkungsvollsten und mächtigsten. Geübt in der Nutzung der Lanze zu sein bedeutet, alle Arten von Speeren und Lanzen zu verstehen und einsetzen zu können und über ihre Eigenarten – wie Länge, Gewicht und die unterschiedlichen Spitzen – Bescheid zu wissen.

Auch das Wissen ums Innere und Äußere von Gebäuden sowie um Steigungen und Neigungen des Geländes ist wichtig. Ohne solche Kenntnisse wird man in einer Schlacht nicht erfolgreich sein können. Mache dich stets mit deiner Umgebung genauestens vertraut und wende im Kampf verschiedene Kniffe und Techniken an.

Benutzt du eine andere Waffe als dein Gegner, stelle sicher, dass der Raum um dich herum groß genug ist, um sie wirkungsvoll einsetzen zu können. Erkenne den Wandel in einem Kampf, damit du deine Lanze zur rechten Zeit einsetzen kannst.

Sachu sosei

Zielt dein Gegner in dein Gesicht, wehre ihn mit erhobener Lanze ab, dann verschiebe deine Hand an der Waffe nach unten und stich zu. Benutzt dein Gegner ein Langschwert, wehre es mit deiner erhobenen Lanze ab, dann verschiebe deine Hand an der Waffe nach unten.

Benutzt dein Gegner ein Langschwert und versucht deine Lanze zur Seite zu schlagen, dann senke die Lanzenspitze und stich zu, sobald er sich zurückzieht.

Verwendet dein Gegner eine Lanze und versucht deine Waffe mit seiner Lanzenspitze zu kontrollieren, ziehe deine Lanze zurück und stoße zu.

Doi sosei

Ist dein Gegner unaufmerksam, schlage sofort aus dieser Position zu.

Versucht dein Gegner, dich zuerst zu treffen, weiche nach einer Seite hin aus und stoße dann zu.

Versuchen beide, im Kampf gleichzeitig die Lanzenspitzen zu kontrollieren, und drückt der Gegner dann deine Lanze zur Seite, dann senke deine Lanzenspitze, erhebe sie wieder auf der anderen Seite der gegnerischen Lanze, drücke diese zur Seite und schlag den Gegner.

Chuka sosei

Versucht der Gegner von rechts dich zu treffen, erhebe deine Lanze über deinen Kopf, wehre seinen Angriff ab, drehe deine Lanze, so dass die Spitze höher steht als das untere Ende, und schlage deinen Gegner.

Wenn der Gegner von links auf dich zielt, vollführe mit deiner Lanze einen kleinen Halbkreis, um ihn abzuwehren, dann treffe deinen Gegner.

Wenn ihr gegenseitig eure Lanzenspitzen zu kontrollieren sucht und dabei dein Gegner unaufmerksam wird, stich sofort zu.

Jochu sosei

Ob aus dieser Stellung dein Gegner von links oder rechts kommt, treffe ihn sofort, sobald er nachlässig wird.

Stößt dein Gegner von rechts, schwinge deine Lanzenspitze zur Seite, um seinen Angriff abzuwehren, und schlage ihn. Du kannst dich auch nach rechts zur Seite bewegen.

Stößt dein Gegner von links, bewege deinen Körper nach rechts, bringe so seine Lanzenspitze an deine linke Seite und ziele auf ihn.

Itto sosei

Versucht der Gegner aus dieser Position zurückzuweichen, schlage ihn sofort.

Senkt der Gegner seine Lanze, um deinen Unterleib zu treffen, stich sofort zu.

Versucht der Gegner dich zu treffen, bewege dich und stich sofort selbst zu.

Versucht dein Gegner energisch, dich zu treffen, gehe in die Hocke und ziele von dort aus.

Joge sosei

Der rechte Kämpfer ist hier *yin,* der linke *yang.* Wenn
yang seine Lanze niederschwingt und trifft, ist das sehr
wirksam. Wenn *yin* zuerst abwehrt und dann zusticht, ist
das ebenfalls sehr wirksam. Wer dies studiert, sollte ein
paar Varianten entwickeln.

Jogo sosei

Zieht sich der Gegner zurück, schlage aus dieser Position sofort zu.

Wenn der Gegner dich bedrängt und zu stechen sucht, weiche zur Seite aus und ziele sofort auf ihn.

Zielt der Gegner auf deinen Unterleib, treffe seinen Oberkörper.

Hyori sosei

Wenn der Gegner (links) dich sticht, hebe deine Lanze über den Kopf, wehre ihn ab und ziele auf ihn.

Wenn der Gegner (links) sich zurückzieht, treffe ihn sofort.

Kago sosei

Wenn dein Gegner aus dieser Position zurückweicht, ziele sofort.

Versucht der Gegner, deine Lanze anzuheben und wegzudrücken, ziehe deine Lanze zurück und treffe ihn sofort.

Zielt der Gegner auf deinen Oberkörper, ducke dich, hebe dabei deine Lanze über deinen Kopf und steche zu.

Sticht dein Gegner nach dir, tritt zurück und bringe dabei das untere Ende deiner Lanze nach vorn, um damit seine Arme zu schlagen.

Bungo sosei

In dieser Position hat der Kämpfer rechts mit dem Haken an seiner Lanze den Vorteil. Er kontrolliert den Speer des Gegners. Würde dieser zurückweichen, könnte der Kämpfer rechts ihn erstechen. Diese Technik kann im Grunde in einem Buch nicht erklärt werden.

Bunshaku sosei

Wenn der Kämpfer rechts den Speer des Kämpfers links zu kontrollieren sucht, sollte dieser seinen Speer zurückziehen und danach sofort zustechen.

Will der Kämpfer links sich dieser Kontrolle entziehen, sollte der andere wiederum sofort zielen.

Ryuseki no sei

Ist dein Gegner nachlässig, nutze deine Chance.

Greift dein Gegner zuerst an, wehre ab und werde aktiv.

Zielt der Gegner auf deinen Unterleib, weiche aus und ziele auf seine Hände.

Will der Gegner sein Schwert ziehen, senke den Kopf und ziehe deine Waffe bogenförmig aufwärts. Greift dein Gegner an, wehre mit dem Ende deiner Waffe (*ishizuki*) ab und schneide ihn.

Kôzan no sei

Wird dein Gegner nachlässig, werde sofort aktiv.

Greift dein Gegner an, stoße sofort vor oder schlage mit dem unteren Ende deiner Waffe auf seine Arme.

Greift der Gegner deinen Unterleib an, ziele auf seine Hände, während du zurücktrittst.

Greift der Gegner mit einer Lanze an, schwinge das untere Ende deiner Waffe von unten herauf, um seinen Angriff abzuwehren. Weicht der Gegner zurück, schwinge deine Waffe und schneide ihn.

BOGENSCHIESSEN

Das Bogenschießen *(kyudo)* war eine der sechs wesentlichen Kriegskünste. Damit konnte man seinen Feind aus
der Ferne bezwingen und war nicht auf den Nahkampf
angewiesen. Das Bogenschießen konnte besonders wirksam
gegen eine Burg oder Festung eingesetzt werden, indem
man Feuerpfeile benutzte. Älteren Samurai, die nicht so
stark wie junge waren, kam das Bogenschießen nicht nur
entgegen, sie besaßen darin auch die bessere Technik.

Die Zusammensetzung von Feuerpfeilen

Für Feuerpfeile wurde eine Mischung hergestellt aus circa
150 Gramm Nitrat, 110 Gramm Schwefel und 40 Gramm
Asche.* Diese reichte für circa 27 Pfeile, eine Pfeilspitze
enthielt also gut 11 Gramm der Mischung. Der Pfeil war
etwa zwölf Handbreit, die Pfeilspitze circa zwölf Zenti-
meter lang.

* Gewichtsangaben gerundet, im Original in *momme*. 1 *momme* = 3,75 Gramm.
Längenangaben in *shaku, sun, bu*. 1 *shaku* = 30,3 cm, 1 *sun* = 3,03 cm,
1 *bu* = 3,03 mm.

Der Abschusswinkel von Pfeil und Bogen *(yasaki zumori)*

Je nach Pfeil und Bogen können die folgenden Werte abweichen. Genauere Erklärungen werden nur mündlich überliefert.

18,18 Meter sind leicht zu treffen.
27,27 Meter ebenso.
36,36 Meter: Visiere einen Punkt 1,5 cm
    oberhalb des Zieles an.
45,45 Meter: Visiere einen Punkt 3 cm
    oberhalb des Zieles an.

Das Luntenschloss-Gewehr

Das Luntenschloss-Gewehr wurde in Japan im 16. Jahrhundert eingeführt. Es gab keine alten Strategen, die sich damit auskannten, und zunächst konnte niemand die Anwendung dieser mächtigen Waffen auf dem Schlachtfeld lehren.

Körper, Verstand und Geist

(jinri no maki)

GEIST UND VERSTAND
(ki und shin)

In der Strategie (*heiho*) ist die Wahrheit (*ri*) von höchster
Wichtigkeit. Es ist der Verstand (*shin*), der die Wahrheit
erfasst. Es ist der spirituelle Geist (*ki*), der den Verstand zur
Wahrheit führt. Es gibt zwei Arten dieses Geistes *ki*, eine
reine und eine unreine. Der Verstand kennt außerdem gut
und böse. Mit reinem *ki* und klarem Verstand kannst du alle
Dinge auf rechte Weise verstehen. Mit unreinem *ki* und
verwirrtem Verstand hingegen wird man die Wahrheit
nicht begreifen können.

Ich erkläre *ki*, den spirituellen Geist, und *shin*, den Verstand, als wichtige Bestandteile des *jinri no maki*. Wenn dein
Denken wie ein klarer Spiegel ist, wirst du alle Dinge so
sehen, wie sie wirklich sind. Ist dieser Spiegel beschmutzt,
kannst du die wahre Natur der Dinge nicht erkennen.
Darum müssen Geist und Gedanken klar und rein sein.

第二　陰陽強弱之事

夫敵をうちとるにお／＼浪陽強弱の差別ありさげ湊
敵とひきあひてのありさまをみるにくつがへは弱
気色ありんへぐれくいほきれとらへありて陽敵
とりやうのありさまをさぐりてかたまれは強気
色をよくみゞ別てよきところありおゝしふれゞ
きほうを変化を用とすれゞゞゞゞれて強弱のいろを
あらはゞるゞゞゞ更ぐゞ〳〵〳〵あはしゞ用

　第三　一心二心之事
それへいりつよ一眼二心こと〳〵〳〵〳〵へうなへ

Stärke und Schwäche

Feinde stellen sich auf zweierlei Arten dar. Die eine ist
inteki. Dabei erweckt der Feind den Eindruck, er sei
schwach, ist aber in Wahrheit stark. Die andere Art heißt
yoteki. Dabei erscheint der Feind stark, doch kaschiert er
damit nur seine Schwächen.

Den Feind zu studieren ist sehr wichtig. Bevor man sich
ein Urteil über ihn erlaubt, sollte man ihn äußerst genau
beobachten und sich nicht von ihm täuschen lassen.

眼しはてさのいろをとんこいろ見へせうりをもうり

その人へめくめ此此酔へ起こへてていをうりを云ま

をりかくのごくひつてうつ朗に見廊小波賀あ

うたちみもうりアに二男とを備りる巨細の眼

もへうり此もうりあもむ見るをまり

いちびこ合して一心といてて女男いんの舎もり男

のみよべらま納すり眼も男の門者をも男此門

ふあるむ上二男人てり或人縮じて云男れん

を坊そもう丈もるもと別小もろ抱め何事

うへていく伏儀小二のもうろ望あり二男傷

Die Kontrolle von Körper und Verstand

Die wichtigen Schritte in einem Kampf sind laut den Strategen die folgenden: mit den Augen den Feind beobachten, mit dem Verstand den Feind einschätzen, mit dem Körper den Feind angreifen.

Einige halten diese Dreiteilung für sinnvoll, ich hingegen sage: Zuerst ist da der Verstand, dann der Körper, denn auch wenn man mit den Augen sieht, so erkennt man doch nur mit dem Verstand, und auch der Körper folgt den Befehlen der Gedanken. Also sage ich: Zuerst der Verstand. Und weil der Körper den Verstand beherbergt und es keinen anderen als diesen Körper für unsere Augen, Hände und Füße gibt, sage ich: Als zweites der Körper. Jemand fragte mich, warum ich überhaupt noch in zwei teilen würde, da der Körper doch dem Verstand unterstehe. Doch gibt es auch ein gedankliches Wirken, das für sich vonstatten geht und kein körperliches Handeln nach sich zieht. So sind diese beiden zu unterscheiden.

Freilich stehen sie auch in einer wesentlichen Verbindung: Sind die Gedanken nämlich zögerlich, dann zögert auch der Körper.

第四

あなた之事

あなたと云ふは初めにあなたをあなたと云ふをのまをもうらそそきをもうるを
あなりをのまをもうらそをとふらはんをもうらそまはらん利地利天利会利動利也伏ふてさ
利とはん利とたでーくぬぐさきものるりどうろうるれが利とうるとをもろをさててのうちれ
とうろうるこれが利とうるをのまをもろうてもとの里
てきとものうぞろうまこ歌とをのうてのうちれ
どふをもろ汁くろをとふげしをのまをもうりても
とうろうるとをくそのもさをどれべきのとうさとどりへてのうちれ

又

不圓轚歌之事

Den Feind und sich selbst kennen

Die eigene Stärke und die des Feindes kennen heißt *ryodo*.
Das Wissen um die eigene Stärke kennt fünf Aspekte: *jinri*,
die Kenntnis der menschlichen Natur (in Bezug auf die
Truppen); *chiri*, das Wissen ums Gelände; *tenri*, die Kenntnis
des Wetters; *heiri*, die Kenntnis der Waffen; und *jori*, die
Fähigkeit, gute Gelegenheiten und Zufälle nutzen zu können.

Den Feind zu kennen bedeutet, ihn bei günstiger Gelegenheit zu schlagen und dabei die eigenen Gedanken
und Handlungen stets unter Kontrolle zu behalten. Man
benötigt beides, die Kenntnis der eigenen Stärken wie die
des Feindes, um in einer Schlacht siegreich sein zu können.

すもうくみ敵をうけとられ敵ぶん手強くおもふところ

いあふるところとでもいまぐ手強くんゝ付ざるところ

とう川へ〳〵さて手強くよろ〳〵つけゝりと

も手前の鞘をとり川さげるあひざゝらろそこ近

　第六　虚撃の心持の事

てきをうけとめあひうとおもひそゞり

るありそれを虚撃をとらみ武�〵あひあ

敵とうたんとするかあやまりて敵よあ〵〵ざる

まてきをうけとめあひうとおもひそゞり

やうにな理のをにあ〵〵ありあひ敵ぶんを切て

ゝありひ敵をりぞくよりておこ〳〵ざる理

Überraschungsangriffe

Den Gegner erfolgreich schlagen kann man am besten,
wenn man ihn angreift, noch bevor er sich dessen bewusst
ist. Man sollte also zuschlagen, ehe er sich geistig darauf
vorbereitet hat.

Der Umgang mit Fehlern

Die Wahl des Zeitpunktes ist für den Angriff auf den Feind
wesentlich. Zuweilen greift man an, erreicht aber nichts
damit. Die Gründe hierfür sind verschieden, zum Beispiel
kann der Feind seinen Körper wegdrehen oder zurückweichen. Wenn dies geschieht, sollte man sich sofort zurückziehen, bevor man in eine Falle gerät.

Das Gesicht des Feindes lesen

Wenn das Gesicht deines Feindes während des Kampfes rot wird, ist er aufgeregt. Regt er sich zu sehr auf, kann er nicht mehr vernünftig urteilen und sich nicht aufs Gewinnen konzentrieren.

Erblasst hingegen das Gesicht deines Feindes, dann hat er Angst, denn er fürchtet den Tod. Darum denkt er nicht mehr ans Gewinnen, sondern an die Flucht.

Ist dein Gegner aufgeregt, wird es länger dauern, ihn zu bezwingen; ist er ängstlich, wirst du schnell den Sieg erringen.

Die Stimme des Feindes lesen

Um die Stimme des Feindes lesen zu können, höre genau hin. Ist er ängstlich, wird seine Stimme so klingen, als käme sie aus seiner Niere; will er dich täuschen, so wird die Stimme klingen, als käme sie aus seinem Herzen.

右ハ行住坐臥、逆ぎ、順ぎ、逆あり、逆あり、順ぎ

是ニ心得あり。

第九　不動歌之事

まもるとも思はで欲とこそやみ云やひ鞘をぞ

し、戦と欲とられ付ねてもさ云ごさてに又

そのくとも撃まべくられぬ心懸を奪ふ

らべし、奪とともうじられざるへ返て利を

いかゝ撃べくと欲を捨の術ふん棄、もゆ色要をる

則・撃はふ利あるべし。

Der stillstehende Feind

Es gibt mächtige Feinde, die sich nicht bewegen. Heutzutage ziehen einige ihre Schwerter sehr schnell und greifen
sofort an, andere hingegen bleiben ruhig und gelassen.
Einen Feind, der ruhig, abwartend und unbeweglich ist,
solltest du erst angreifen, wenn sich eine gute Gelegenheit
bietet, und auch dann nichts überstürzen. Versuche zuerst,
deinen Gegner zu einer Bewegung zu verleiten, indem
du ihn mit deiner Waffe herausforderst. Wenn das nichts
bewirkt, ziehe dich zurück und warte auf eine weitere
Gelegenheit, ihn anzugreifen. Bleibt der Feind immer noch
unbeweglich, dann irritiere und fordere ihn heraus, so
dass er sich bewegt, damit du eine Gelegenheit zum Sieg
bekommst.

第十　先勝先願之事

敵へいかにもはやく先へ進み先願と我とありまじ川

くらといふぶりに川べき利ともやとそええぶう

川をいかなり次よ先願うまい撃へき利もなき

に先小願をうんとうて又て願れ小撃るぶと

云ふ八我先おう川といへも会熟北八斬こととつ

てぶ川て願の乙れ無熟動ようふこ敵八我先おふ

撃よく願の乙み字ようふくれ撃るり

第十一　願二人我一人仕合の事

又願二人我二人そ仕合とき三人の願を向り

Mit dem ersten Angriff gewinnen oder verlieren

In der Strategie gibt es Situationen, in denen man als erster angreift und gewinnt (*sengachi*) oder als erster angreift und verliert (*senmake*). Nutzt man eine günstige Gelegenheit zum Angriff, so wird man gewinnen; greift man unter ungünstigen Umständen an, so wird man verlieren.

Sollte die eigene Waffe nichts taugen, wird man aber verlieren, selbst wenn man als Erster angreift. Ferner bewirken halbherzige Angriffe lediglich, dass der Gegner mit größerer Kraft als man selbst kontert und den Sieg davonträgt.

Zwei gegen einen

Stehst du zwei Feinden gegenüber, wende dich beiden zu, täusche einen Angriff gegen den Feind zur Rechten an, schlage dann aber den zur Linken. Wenn sich der Feind zur Rechten hinter dich begibt, um anzugreifen, drehe dich zu ihm hin, greife dann jedoch den Feind zur Linken an.

Der Kampf gegen eine Überzahl

Siehst du dich zahlreichen Feinden gegenüber, nutze das Gelände um dich herum zu deinem Vorteil. Wenn es dir nicht hilft, begib dich in eine Position, in der du alle Feinde vor dir hast. Greife dann den zur äußersten Linken an und bringe so zwischen dich und die Feinde zur Rechten Abstand. Selbst wenn sie versuchen, dich zu umkreisen, greife immer weiter zur Linken an. Haben sie dich doch umkreist, presche gegen eine Seite vor und bringe so Abstand zwischen dich und die Feinde hinter dir, damit du nicht von hinten verletzt werden kannst. Folgt dir der Feind im Rücken, drehe dich um und strecke ihn nieder, denn er wird nur schwer anhalten können, sondern wohl sein Gleichgewicht verlieren; das wird dir den Sieg erleichtern.

さうぞうして敵はあらうとも先き立ちあるを利とし候そ

川をわたりかゝり候へは踏みとめられをしく。

川をみわたりて川よ利あり。

第十三　敵一人味方多勢仕合之事

敵一人そ味方二人とうあらはあり撃べし三人

の時は三方よりうり川べうと人のとき八三方うう

べ一十人のとき八千方より撃に利あり。

第十四　翔通之軽之事

夫翔通者をう川西は向�ふみあうきぬをうう

あとまうて敵の太方はうう川よ利あり。

Einen einzelnen Feind zu mehreren angreifen

Ist der Feind allein und bist du in Begleitung, dann greift den Feind von zwei Seiten an. Seid ihr zu dritt, dann von drei Seiten.

Einen anstürmenden Feind bekämpfen

Ein Feind, der auf dich zustürmt, ist nur schwer niederzustrecken. Darum weiche zur Rechten deines Feindes aus, nutze seine Geschwindigkeit und schlage ihn, wenn er an dir vorbeistürmt.

Einen zurückweichenden Feind verfolgen

Wenn du einen Feind verfolgst und er nur noch zehn
Schritt entfernt ist, nähere dich ihm schnell und strecke ihn
nieder. Ist er mehr als zehn Schritte entfernt, sei vorsichtig,
denn er könnte sich ducken und dich vorbeirennen lassen
oder einfach umdrehen, um dich zu schlagen. Versuche,
seine Absicht zu erkennen. Will er sich zum Angriff umdrehen, wehre ihn ab und strecke ihn nieder. Bist du zu
schnell oder duckt sich dein Feind, renne an seiner Rechten
vorbei und begib dich hinter ihn, wehre einen etwaigen
Angriff ab und schlage dann selbst zu.

Einen Feind in der Falle bekämpfen

Wenn du einen Feind angreifst oder verfolgst, der sich an einem geschlossenen Ort befindet, zum Beispiel in einem Haus, dann finde heraus, ob er ein Samurai ist oder nicht. Einen Samurai greife sofort an, denn auch wenn er zuerst an Flucht denken mag, wird er nicht sicher sein können, dass ihm dies das Leben rettet. Würde er fliehen, verlöre er auch seine Würde, weshalb er sicher nach einem Weg sucht, tapfer zu sterben und sich so noch auszuzeichnen.

Ist dein Feind kein Samurai, dann warte ab. Nach einer Weile wird er nicht mehr ans Kämpfen denken, sondern nur daran, wie er fliehen kann, um sein Leben zu retten. Ihm wird es nicht viel ausmachen, sich durch Feigheit hervorzutun.

その敵の前よりうちくるをうけんには敵の左右よりうつべし。

後のうろこも弱くうゐぞくしてあ前にうちまはんみはん命

久く。倒れ敵のたゞを受ぐる前に刀は抛てかゝる

ものなり。故敵みちうくて以我いくて撃たに利あり。

第十八　敵我後来被切事

走敵我後よりうちきゝりて法をうけうたんとをると

さいひ方へ引くくして利あるなり。

第十九　敵る上我歩立仕合ふ事

走敵へる上我は歩立てしあときは第一ふるの足

を抛て敵のかく前をうつ何よ利あり。

Einen Feind am Boden bekämpfen

Liegt dein Feind am Boden, greife ihn von seiner Kopfseite her an. Kannst du dich ihm von dort nicht nähern, attackiere von seiner Linken aus. Musst du aber auf seiner rechten Seite angreifen, sei vorsichtig, weil er dorthin leicht sein Schwert schwingen oder werfen kann. In diesem Fall wehre ab und schlage zu.

Einem Angriff von hinten begegnen

Wenn dein Gegner von hinten schreit, während er dich angreift, bringt eine Körperwendung nach rechts dir einen Vorteil.

Einen reitenden Feind bekämpfen

Sitzt dein Feind auf einem Pferd und du stehst am Boden, dann ziele erst auf die Beine des Pferdes und danach auf deinen Feind, ob schon im Fall oder erst, wenn er am Boden ist.

In einem Gemenge kämpfen

Kämpfst du in einer Ansammlung von Menschen, dann sorge dafür, dass keiner hinter dich gerät, und sei auf ihre Schreie vorbereitet, die dich sonst ablenken könnten.

Einen gleichstarken Gegner bekämpfen

Wenn du und dein Feind euch gleichzeitig angreift und wenn ihr beide die gleichen Fähigkeiten besitzt, dann bekämpfe ihn nicht mit dem Gedanken an Sieg oder Niederlage, sondern mit dem Gedanken, ihn zu töten.

Denke stets daran, wenn du kämpfst.

Kenntnis
des Geländes
(chiri no maki)

Der Abstand zwischen dir und dem Feind

Besteht ein größerer Abstand zwischen dir und dem Feind, warte ab und lass ihn zuerst angreifen. Es gibt fünf gute Gründe dafür, zu warten: Du musst noch keine Kräfte verschwenden; dein Geist bleibt ruhig; du kannst dir eine Strategie ausdenken; du wirst dich in keine unangenehme Situation verwickeln lassen; Natur und Wetterlage *(ten no ri)* werden dir zunutze sein.

Wenn der Ort des Kampfes dir keinen Vorteil bietet, schaue dich in alle vier Richtungen um, suche nach einem besseren Ort, begib dich dorthin und warte da auf den Feind.

第一　有おる敵仕合ふ事

それ敵と我とあひたるある仕合は敵れ合ふ法をまちてしりべくそ、浮よあらひ入るある利あり。一みへ勢をとしめる利二まはてろ動化せる利三四は工夫鍛練れるある利・四五は悪而よかくらさ法利めよは天利自然小ゆる利なりさ。又我居所ありよと知ら。前ばねかくろろをしう利地をりとめて敵をまりべし。

第二　遠末敵仕合ふ事

Ein Feind, der sich aus großer Ferne nähert

Bekämpfst du einen Feind, der sich aus großer Ferne nähert, musst du versuchen, sein Vertrauen in sich und seinen Kampfgeist zu erschüttern. Ein solcher Feind wird müde ankommen, seine Bewegungen werden langsam sein. Wenn er klug ist, wird er nach einem Weg suchen, an einem Ort zu verweilen und auf dich zu warten.

Der Körper wird von den Gedanken kontrolliert, die Gedanken vom spirituellen Geist. Wenn dieser Geist tätig ist, dann ist es auch der Verstand, und wenn dieser arbeitet, kann auch der Körper tätig werden. Darum ist es umgekehrt wichtig, den gegnerischen Kampfgeist zu schwächen, weil dann auch sein Verstand und sein Körper nicht mehr voll einsatzfähig sind.

Kämpfen auf Berghängen

Kämpfst du auf Berghängen, hast du drei Vorteile, wenn du höher stehst als dein Gegner: Du kannst auf ihn herabsehen, du kannst dich schneller nach unten bewegen als er nach oben und du weißt, dass es hinter dir sicher ist.

Stehst du an erhöhter Stelle, aber ohne sicheren Stand, solltest du dich sogleich an einen anderen Platz begeben. Bei deiner Bewegung sind drei Dinge zu bedenken: Begibst du dich an einen höher gelegenen Ort, bleibe ruhig und hebe deine Füße nicht zu hoch an; bewegst du dich seitlich, sei vorsichtig und setze deine Schritte leicht; bewegst du dich abwärts, renne wie der Wind zu deinem Ziel, denn wenn dir dein Feind folgt, wird er nicht abbremsen können. In letzterem Fall drehe dich um und strecke ihn nieder. Steht dein Feind jedoch höher als du, presche schleunigst vor.

Kämpfen auf schmalen Wegen

Ein schmaler Weg ist einer, der auf beiden Seiten Hindernisse hat. Wenn dir dort aus einer Richtung Feinde begegnen, stehen deine Chancen gut, denn sie können nicht hinter dich gelangen. Kommen die Feinde aus beiden Richtungen, drehe dich so, dass du welche zur Linken und zur Rechten hast und greife die zur Linken zuerst an. Gibt es einen flachen Fluss in der Nähe des Weges, solltest du zunächst dort hineinspringen. Folgen dir die Feinde, strecke sie nieder, während sie hineinspringen, denn dabei werden sie leicht aus dem Gleichgewicht geraten.

欲スへして花入ときは我か誰をからをもて
欲形を失ふ也なり、からう面へよう川小利あり、

オろ　　絶たの仕合之事

ますは欲ふうくあるを以なり、ざらうての埋

まは終たの仕合とひへたそ君濡れ三弼也は過く

ていそうものふもんとやすうそ君とりに
てお君をぬさん利ともふ面へ一み傳玄あらひ川あ
るひ池おりひへ濱田そのあついて濱は渓山ち
ともは不玄不退して利ともふ面へ一み玄さ已
され四よ出ありて濱り池あるをなひえ山のよへ

Kämpfen in einer Sackgasse

Befindest du dich in einer Sackgasse und versperren viele
Feinde deinen einzigen Ausweg, dann denke nicht ans
Wegrennen. Du solltest sie bekämpfen und dabei auf den
Tod vorbereitet und um deinen Ruf besorgt sein. Wenn
sich seitlich von dir Felder oder Flüsse befinden und hinter
dir eine Klippe ist, nutze die Felder und Flüsse zu deinem
Vorteil. Ist auf einer Seite ein Berg und hinter dir ein Teich,
besteige den Berg und verschaffe dir eine gute Ausgangs-
position für einen Angriff.

Kämpfen auf einer großen Straße

Kämpfst du mit vielen Verbündeten gegen wenige Feinde auf einer großen Straße, umrundet die Feinde und greift von allen Seiten an. Wenn du gegen viele alleine antrittst, halte die Feinde stets alle auf einer Seite und direkt vor dir. Greift der Feind von vorn und von beiden Seiten gleichzeitig an, täusche eine Attacke nach rechts an, führe sie aber nach links aus, dann täusche links an und attackiere rechts. Wenn drei oder mehr Feinde dich angreifen, bewege dich zur Linken des Gegners und aus dem Zentrum heraus.

Wenn deine Feinde zahlreich sind und dich zu umringen versuchen, ziehe dich schnellstens zurück, dann können sie nicht alle gleichzeitig angreifen. Deinen Verfolgern wende dich plötzlich zu, ducke dich und schlage zu. So wird es auch in Kapitel 3 in *jinri no maki* beschrieben.

Die rechte Seite beschützen

Wenn du nahe Flüssen, Klippen, Mauern oder Türen kämpfst, sorge dafür, dass diese sich stets zu deiner Rechten befinden. So wird es schon lange überliefert. Vergiss aber nicht, dass dein Gegner das Gleiche versuchen wird.

Den Rücken freihalten

Dinge, die du nicht in deinem Rücken haben solltest: Klippen, tiefe Flüsse, Sümpfe, feuchte Reisfelder, steiniges oder sandiges Gelände und gepflügte Äcker. Da es schwer ist, an solchen Orten zu kämpfen, würde es gefährlich für dich, wenn du zurückweichen müsstest. Wenn du dennoch in eine solche Lage gerätst, bewege dich nach links und halte das Hindernis auf deiner rechten Seite, so kannst du noch einen Vorteil daraus machen.

これ山川池沼澤田石原砂地寺原塔下の地形を論じ

小石奇用魚引月生なくさしてめぐるきを

とをものありへ入るて雛石とうしろうける記

いめぐりへ多をひくく居して志ねらさん八右の用

はしる月給なり。

　　　第九　　楷石壇上仕合くり

史楷石壇ゆく仕合をんに我平地へくきひり地人

さりて欲を楷石壇よゆへしめて仕合へゝ次よ欲

も我も平地へきくして楷石壇の中よて仕合よ

はなそへなは楷石壇うは欲を下小車て我

Kämpfen auf Steintreppen

Wenn du auf Treppen kämpfst, suche nach einer ebenen Stelle und sorge dafür, dass dein Feind dir entgegensteigen muss. Wenn ihr beide auf der Treppe seid und diese allmählich ansteigt, solltest du dich an einem höheren Punkt befinden als dein Gegner. Sind die Treppen steil, ist es hingegen besser, unterhalb des Gegners zu stehen. Auf Treppen sind seitliche Bewegungen von Vorteil.

Eine Burg angreifen

Wenn du eine Burg angreifst, halte deren Mauer stets zu deiner Rechten, sonst wirst du es in einem Gemenge schwerfinden, dich zu bewegen. Es gibt vier gute Gründe hierfür: Es ist dann leichter, sich an der Mauer entlang zubewegen; es ist leichter, die Waffe einzusetzen; du bist sicherer vor Pfeilen, wenn du nicht in der Mitte stehst; du wirst leichter in die Burg eindringen und dich auszeichnen können.

Kämpfen auf Feldern und in Städten

Es heißt: Wenn du auf Feldern kämpfst, ziele auf die Beine des Gegners. Kämpfst du in der Stadt, ziele auf seinen Nacken oder Kopf. In beiden Fällen geht es darum, den Gegner so zu verletzen, dass er keine Hilfe herbeirufen kann.

Hierauf wurde einmal entgegnet: »Wenn man jemandes Beine abschlägt, wird er noch leben, warum also nicht gleich seinen Hals durchtrennen?« Ich denke, es ist leichter, die Beine eines Feindes zu durchtrennen, da sie ein größeres Ziel als der Hals abgeben. Ob auf dem Feld oder in der Stadt – ist niemand in der Nähe, ziele auf die Beine; ist aber jemand in der Nähe, ziele auf den Hals.

Von beiden Seiten des Tores aus kämpfen

Sind deine Gegner zahlreich und bist du alleine, dann kämpfe auf beiden Seiten des Tores, damit dich die Gegner nicht umzingeln und nicht zur gleichen Zeit angreifen können. Nach einer Weile werden sie versuchen, die Mauer zu umrunden oder über das Tor zu kommen; dann solltest du wieder zur anderen Seite des Tores wechseln und dabei stets dein Umfeld beachten.

Kämpfen an Türen, Mauern und Wandschirmen

Bekämpfst du einen Feind auf der anderen Seite einer Tür, einer Mauer oder eines Wandschirmes, dann gilt:

Denkst du, der Feind befinde sich links vor dir, dann erwarte seinen Angriff aus *jodan gamae* oder einen Stich aus *chudan gamae*. Wenn du nach vorn gehen musst, halte dein Schwert vor dir und deinen Körper gebückt.

Ist der Feind rechts vor dir, erwarte seinen Schlag aus einer Seitwärtsbewegung oder aus *jodan gamae*. Wenn du nach vorn gehen musst, halte deine Schwertspitze gesenkt und deinen Körper gebückt. In beiden Fällen gilt: Wenn du glaubst, dass dein Gegner vor dir ist, du ihn aber nicht sehen kannst, dann greife nicht an.

Kämpfen im Haus

Wenn du im Innern eines Hauses kämpfst, prüfe die Höhe und Breite der Räume und versuche, dir eine gute und dem Feind eine schlechte Position zu verschaffen. In deinem eigenen Haus kannst du dir Zeit mit dem Kampf lassen. In einem fremden Haus versuche, den Kampf schnell zu beenden.

小勢をもつて大勢をちらし

第十五　戦門仕合ふ事

史部の内と云ふは孫子らの説ならん歩兵乃
よつて経営を破く利を以へし　附録十文字

第十六　呈場魚地に仕合ふ事

史呈場魚地よて仕合ふは男をもつべきく又敵は呈場あ
もしその利をもつべきく又敵は呈場あ
らしく後は呈場体を呈場ありは我先呈場あ
き地よぬて時よ向て我は呈場絶地よ退敵を

Kämpfen im Gebüsch oder im Wald

Wenn du im Gebüsch oder im Wald kämpfst, benutze eine Kurzwaffe statt einer Lanze oder Hellebarde.

Kämpfen auf schlechtem Untergrund

Kämpfst du auf schlechtem Untergrund, versuche deinen Feind ohne große Bewegungen zu bezwingen. Ist hinter dir der Boden gut, vor dir aber schlecht, und nähert sich der Feind, dann begib dich zuerst auf den schlechten Untergrund. Wenn der Kampf beginnt, wechsle auf den guten Boden und lasse deinen Feind auf dem schlechten zurück.

Kämpfen in Flüssen

Kämpfst du in einem Fluss, halte deinen Feind flussaufwärts und stelle dich selbst diagonal zu seiner Rechten flussabwärts. Es ist nämlich leichter, das Gleichgewicht zu halten, wenn man flussaufwärts blickt, und du kannst so auch leichter Dingen ausweichen, die dir entgegenfließen.

芝場あつ此地より動へきるり

廿七　川中仕合之事

史川中まて歩立れ仕合へ敵を川よりよを乗戦

へ敵の右方下をしろひふ立奥へ一乗程費一

みみとよ奥へ陽煙をうる程第二よ川よよ

星流乗る雑物の雖をうけさる程あるを以

廿八　仍橋よく仕合之事

史仍橋へ亀橋よりあまよて仕合と紀へ狼橋と

云て敵へ橋のよまあ一めて仕合へ一亀橋

まて八月ふらまよさきみへ城以まり別をよまを

Kämpfen auf einer behelfsmäßigen Brücke

Eine behelfsmäßige Brücke ist gefährlich. Kämpfe nicht darauf, sondern ziehe dich schnell zurück, so dass dein Gegner dort verbleibt. Er wird sich dann nicht so frei bewegen können wie du. Wenn du nicht von der Brücke herunterkommst, solltest du deinen Gegner dort bekämpfen. Bist du auf der Brücke und deine Gegner greifen von beiden Seiten an, springe in den Fluss.

Kämpfen auf Schiffen

Ist die Entfernung zwischen deinen Schiffen und denen des Feindes groß genug, feuere mit Kanonen auf sie. Kommen sich die Schiffe näher, benutze Haken, entere die gegnerischen Schiffe und bekämpfe dort den Feind.

Kämpfen im Hafen

Wenn du in einem Hafen kämpfen musst, lege mit deinem Schiff an, bevor es der Feind tut, verlasse dein Schiff und attackiere den Gegner, wenn er seinerseits von Bord gehen will. Hältst du das Anlanden für zu gefährlich, versuche deinen Gegner ebenfalls davon abzuhalten und bekämpfe ihn von Schiff zu Schiff.

Kenntnis
der Naturzyklen

(tenri no maki)

DER WANDEL DES KAMPFGEISTES
WÄHREND DER VIER JAHRESZEITEN

Von Geburt an leben die Menschen in Abhängigkeit von der Natur. Im Frühling sind sie voll Tatendrang, noch mehr im Sommer, im Herbst werden sie ruhiger und im Winter schwerfällig. Das ist der Lauf der Natur.

Im Frühling und Sommer sind die Gedanken der Menschen heiter und lebendig, aber sie geben leicht auf. Greift dein Gegner energisch an, stelle dich ihm nicht einfach in den Weg. Belästige ihn vielmehr so, dass er zermürbt wird, und attackiere ihn dann von der Seite aus.

Im Herbst und Winter sind die Gedanken der Menschen bedrückt und weniger mutig, darum solltest du bevorzugt in dieser Zeit angreifen; dein Sieg ist dann am wahrscheinlichsten.

Kämpfen am Tag

Kämpfst du am Tag, behalte das Sonnenlicht in deinem Rücken. Die Wärme wird deine Energie vergrößern, dein Feind aber wird in die Sonne blicken und deinen Gesichtsausdruck nicht erkennen können.

あり。かゝる人は理をゆくるもゆくる川をありとて。

　第二　日中仕合之事

更に星か仕合ときさ員を背か見るゝ船り、な船利あり。又敵を見か向てそれゝ月をゆくして。

我色めをきぬものあり。

　第三　月夜仕合之事

更に月夜か仕合と光か報ハ浅氏方か居ゝ敵を月か向か入ーをのまゝか行く敵をあらはしゝの

利あり。

　第四　闇夜仕合之事

Kämpfen im Mondlicht

Kämpft du nachts, behalte das Mondlicht in deinem Rücken. Blickt dein Feind ins Mondlicht, kann er deine Umrisse nicht recht erkennen, du aber siehst ihn genau.

Kämpfen im Dunkeln

Wenn du im Dunkeln kämpfst, halte deinen Körper gebückt und beobachte die Umrisse deines Gegners genau, um zu erkennen, welche Waffe er benutzt. Steht ein Hindernis in deiner Nähe, bringe es vor dich und beginne dann mit dem Angriff.

史當真小仕合をさい船を志川をて敵れ／ちを

見もて／おさぶれいろをもろるへ・おゝ雖れひゝ

我荻小南て仕合屋さなり・

　　　史又　風吹仕合之事

史風い空事小かゝりて吹すり・先春風へ地すり

へ吹り・冬風い中を吹なり・秋風ハ上すりひへ吹お

ろそなり・発風ハ下を吹るり・右の如風を収風を

背小受る開小動へ背よく防ぐさん八風雖を

張して進の利あり又敵を風ま向八ころ則む眠

くゝもて先をますへ只坂へ心ひる〜拾ま出るを折

Kämpfen im Wind

Der Wind ändert sich mit den Jahreszeiten. Im Frühling bläst er vom Boden Richtung Himmel; im Sommer bewegt er sich am Boden entlang; im Herbst bläst der Wind vom Himmel zum Boden und im Winter um deine Füße herum. Dies solltest du dir merken.

Kämpfe mit dem Wind im Rücken, so dass der Wind deinem Feind ins Gesicht bläst. So wirst du nicht vom Wind gestört und kannst dich leicht vorwärtsbewegen; die Sicht deines Feindes aber wird behindert und daraufhin auch sein Geist abgelenkt. Darum ist es von Vorteil, den Wind im Rücken zu haben.

Wenn es sehr windig ist, könnte dein Feind den Zeitpunkt zum Angriff nutzen, an dem du durch Böen aus dem Gleichgewicht kommst. In diesem Fall ist es besser, sich dem Wind entgegenzustellen.

Kämpfen im Haus, wenn es außerhalb stürmt

Wenn du im Haus kämpfst und draußen Stürme toben, gilt für das Haus deines Gegners: Halte die Wände stets zu deiner Rechten oder in deinem Rücken und begib dich nicht in die Nähe von Holz- oder Schiebetüren, da sie dir keinen Schutz bieten. Sei auch nicht überrascht, wenn der Sturm an den Türen rüttelt.

Kämpfen im Regen

Kämpfst du im Regen, ist es besser, Abstand zu halten als dem Gegner zu nahe zu kommen. Senke deinen Kopf und erkenne die Waffe deines Gegners. Im Regen kann es ein Vorteil sein, in *jodan gamae* zu warten.

Kämpfen im Schnee

Wenn du auf schneebedecktem Boden kämpfst, halte Abstand zum Gegner und warte, bis er dich angreift. Greife nicht als Erster an.

Beginnt es, leicht zu schneien, liegt aber noch kein Schnee auf dem Boden, begib dich in *jodan gamae*, was deinen Gegner zum Aufschauen zwingt und Schnee in seine Augen rieseln lässt.

Kämpfen in der Kälte

In der Kälte, ob bei Tag oder Nacht, könnten deine Hände und Füße taub werden, wodurch du deine Waffe nicht mehr wirksam führen würdest. Um dem vorzubeugen, kaue Ingwer und reibe deine Hände und Füße vor dem Kampf mit Sake* ein.

---

* Reiswein.

それ雪中に仕合ときハ地ハ雪積りすはおる
を臨く欲の泉を待てとの糸切べくもを文地ハ
もちまらしてひゆきさもをうなうもも我苦笑上
泣よ揉て額上向松小渕をすゑべ、

第九　宴日仕合之事

されさくれん宴は仕合をれハ更に冷こまりて兵
宴を持よおへなく文いそり膳をむあげを
のをりゆるか世人小明小生姜を喰てこまゑよ緑酒
をぬりてう、

Einen entfernten Feind in der Kälte bekämpfen

Wenn ein Feind sich noch von dir entfernt befindet und die Nacht oder der Tag kalt ist, kann dir das zum Vorteil gereichen. Unterschätze den Feind nicht und denke nicht, er sei schwach. Fürchte aber auch keinen Gegner, der mächtig erscheint. Überlege dir, was dir im Kampf nutzen könnte.

Kämpfen inmitten eines Gewitters

Wenn man in einem Gewitter kämpft, kann man den Donner zu seinem Verbündeten machen. Wenn du den Donner nicht verstehst, wird er jedoch zu deinem Feind. Lässt du dich nicht von ihm ablenken, wirst du wie üblich kämpfen können. Donner und Blitz schlagen zu, ob du dich nun vor ihnen fürchtest oder nicht, und wenn dein Feind Angst vor ihnen hat, greife an und töte ihn. Es ist wichtig, sich nicht vom lauten Dröhnen des Donners irritieren zu lassen. Denke daran, dass du über den Donner keine Kontrolle hast und ihm gleichfalls nicht erlauben solltest, dich zu kontrollieren.

Kämpfen inmitten von Blitzen

Kämpfst du bei Blitzen, halte sie in deinem Rücken, damit dein Feind direkt in die Blitze sehen muss. So hast du drei Vorteile: Du kannst deinen Feind gut sehen; dich selbst wird der Blitz nicht blenden; und du kannst deinen Feind angreifen, wenn er vom Blitz abgelenkt ist.

Ablehnen des Aberglaubens

Das ganze Jahr über gibt es Aberglauben. In der Strategie gilt jedoch: Lass deinen Gegner unter den Einfluss von Aberglauben geraten, nicht dich selbst.

»Sind die Vorzeichen eines Tages ungünstig, so sind sie es für euch beide.« – Lass dich nicht von solchen Gedanken einwickeln. Richte deinen Geist vielmehr auf die ausdauernde Übung.

Selbst wenn Leute behaupten, jemand sei begabt in der Strategie und in den Kampfkünsten, wird dieser Mensch seine Richtung verlieren, sobald er von Aberglauben beeinflusst wird.

Schach ist wie ein Schlachtfeld: Wenn du aus einer schlechten Stellung noch einen Sieg machst, dann bist du gut in der Schlacht. Ein Mensch ohne Weitsicht ist wie einer, der in einem Raum mit vier Mauern eingesperrt ist. Wenn du hingegen das Leben verstehst, dann gleichst du einem Menschen auf dem Feld, der in jede Richtung seiner Wahl gehen kann.

Es gibt die Vergangenheit, die Gegenwart und die Zukunft; doch lass deinen Geist nicht an einem Zeitpunkt haften. Die Zeit ist andauernde Gegenwart, nutze also jeden Augenblick.

Selbst die Himmelsrichtungen eines Kompasses wurden vom Menschen erfunden, deshalb ist es auch in Ordnung, sie neu zu erfinden. Strategie ist etwas, das man mit schöpferischem Geist entwickeln sollte.

Yamamoto Kansuke

(Veröffentlicht im Herbst 1804)

Nachwort

Wer war Yamamoto Kansuke (1493–1561)?

Geboren als Yamamoto Haruyuki in der Provinz Mikawa, soll er bei einer Audienz den Kriegsfürsten Takeda Shingen (1521–1573) so beeindruckt haben, dass dieser ihm ein großes Lehen anvertraute, ihn immer wieder als Ratgeber zu sich einlud und am Bau mehrerer Burgen beteiligte. Nachdem sich Yamamoto bei den Kriegen in der Provinz Shinano ausgezeichnet hatte, wurde ihm der Titel »Kansuke« verliehen, und – insbesondere nach dem Sieg über Murakami in der Schlacht um dessen Burg Toishi – sein Einkommen vervierfacht. In den Schlachten von Kawanakajima gegen den Fürsten Uesugi Kenshin kam Yamamoto schließlich eine herausragende Rolle zu. Im Jahre 1561 belauerten die Kriegsgegner einander erneut. Yamamoto entwickelte den »Specht«-Plan, der vorsah, Kenshins Truppen morgens mit der Hälfte der eigenen zwanzigtausend Soldaten überfallartig anzugreifen und die andere Hälfte hinter der wahrscheinlichen Rückzugslinie Kenshins auf ihn warten zu lassen. Doch Kenshin sah das voraus und stürmte seinerseits im Morgengrauen mit 11000 Mann auf die eine Hälfte von Shingens Truppen los, was zu der verlustreichsten Schlacht der japanischen Bürgerkriegszeit führte. Yamamoto, der seit seiner Kindheit gehbehindert war, inzwischen ein Auge und mehrere Finger verloren hatte, fühlte sich für dieses Desaster verantwortlich. Er stürmte mit seiner Lanze in die feindlichen Truppen, wurde schwer verwundet und beging in einem letzten Ehrenakt *seppuku*, den rituellen Selbstmord. Später zählte man ihn zu den »24 Generälen« Shingens, das heißt seinen Chefstrategen.

Ob die vorliegende Schrift, deren japanischer Reprint aus dem Jahre 1804 stammt, wirklich von Yamamoto Kansuke verfasst wurde, wissen wir letztendlich nicht. *Heiho Okugisho* wurde dieser Auszug des *Koyogunkan* genannt, das von Obata Kagenori Anfang des 17. Jahrhunderts als recht zweifelhafte Geschichte des Takeda-Clans zusammengestellt worden war. Obata Kagenori wiederum stützte sich auf das gleichnamige unvollendete Werk des Generals Kosaka Danjo Masanobu, der ein Liebhaber Takeda Shingens gewesen sein soll, im Jahre 1571 starb und Yamamoto Kansuke gekannt haben muss. Über Letzteren gibt es jedenfalls mehr Legenden als historische Quellen, und so hat er auch in der Volkskultur – etwa im Noh-Theater oder im Film[*] – seinen festen Platz.

Der ursprüngliche Titel des Werkes, *Heiho Hidensho*, beschreibt »überlieferte strategische Geheimnisse«, wie sie für gewöhnlich nur innerhalb einer Familie oder eines Clans weitergegeben wurden. Damit ist das Werk mit Yagyu Munenoris *Heiho Kadensho*[**] vergleichbar, das ebenfalls in direktem Kontakt mit dem Herrscherhaus entstand und eine einst verborgen gehaltene Schrift darstellt, deren letzte Geheimnisse nur vom Lehrer dem Schüler erklärt werden können. Im Vergleich damit und selbst neben solchen Samurai-Klassikern wie dem *Hagakure* und dem *Buch der fünf Ringe* (*Gorin no sho*) ist das *Heiho Hidensho* (oder *Okugisho*) einfacher gehalten und weniger ein philosophischer oder religiöser Traktat denn ein Handbuch für den kämpfenden Praktiker. Überrascht nimmt mancher Leser sicher die von den Portugiesen 1543 eingeführten Luntenschlossgewehre als selbstverständliche Samurai-Waffen zur Kenntnis, und ein moderner »Krieger« sieht sein Bewusstsein für die eigene Umgebung und die Zyklen der Natur geschärft.

[*] z.B. in *Furin kazan* (»Samurai Battle«) von Hiroshi Inagaki aus dem Jahre 1969, wo er sich – dargestellt von Toshiro Mifune – wahrhaftig in die gleiche Frau verliebt wie sein Fürst und gerade dadurch seine Loyalität beweisen kann.

[**] Deutsch: *Der Weg des Samurai*. Piper Verlag 2004.

Mit den genannten Werken hat das vorliegende *Okugisho* vor allem eins gemein: An einer Stelle wird geraten, auf das Töten zu verzichten und stattdessen »nur« zu verletzen. So markiert die »Methode des Kriegers« wieder den Übergang zum »Weg des Friedens«. Es wurde versucht, die martialische Wortwahl in der Übersetzung zu reduzieren und damit diesem Anliegen gerecht zu werden.

G. K.

PIPER

Yagyu Munenori
Der Weg des Samurai

Anleitung zum strategischen Handeln. Herausgegeben und mit einem Nachwort von Hiroaki Sato. Aus dem Amerikanischen von Guido Keller. 153 Seiten. Mit 25 Illustrationen. Serie Piper

»Möge dein Geist vor jeder Entscheidung klar wie ein Gebirgsbach sein« – ein Grundsatz, der bis heute aktuell ist und doch im 17. Jahrhundert des alten Japan geschrieben wurde. In kurzen Kapiteln vermittelt der legendäre Schwertkunstmeister Yagyu Munenori Wahrheiten, die immer noch Gültigkeit besitzen. Sein Vermächtnis, einst Geheimwissen, das von Generation zu Generation weitergegeben wurde, liest sich als spiritueller Leitfaden für unser heutiges Leben: Denn der Samurai siegt über jeden Gegner, ohne zu kämpfen. Er kennt den richtigen Zeitpunkt des Handelns, kann Chancen für sich nutzen, findet überraschende Wege, und sein Herz ist offen. »Der Weg des Samurai« schult das strategische Denken und die perfekte Harmonie von Körper und Geist – denn ein befreiter Geist führt zu einem mutigen Umgang mit sich selbst und mit den täglichen Konflikten.

01/1388/01/R

Tsunetomo Yamamoto

Hagakure

Der Weg des Samurai. I und II in einem Band. Herausgegeben und aus dem Englischen übersetzt von Guido Keller. 335 Seiten. Gebunden

»Nicht länger als sieben Atemzüge« soll es dauern, bis man eine Entscheidung getroffen hat, schrieb Tsunetomo Yamamoto vor dreihundert Jahren im Hagakure [»Hinter den Blättern«], dem legendären Ehrenkodex für Samurai. In kurzen Kapiteln vermittelt das Hagakure Wahrheiten, die noch immer gültig sind: Durchsetzungsfähigkeit und Integrität, Mut und Loyalität – die Schlüsseltugenden machen das Hagakure zu einem Strategie-Klassiker und spirituellen Leitfaden für beruflichen und privaten Erfolg. Ähnlich wie Machiavellis »Der Fürst« oder Sunzis »Die Kunst des Krieges« zeigt es den Weg zu Entschlossenheit und Loyalität und schärft Verstand und Vertrauen in die eigenen Fähigkeiten. Jetzt liegen erstmals beide Bücher in einem Band vor.

03/1052/01/R